달달 읽고 **곰곰** 생각하는

달곰한 문해력

초등 어휘

달콤한 공부계획

매일매일 꾸준히 학습해 봐!

국어

주제 01	주제 02	주제 03	주제 04	주제 01~04 주간 학습
월 / 일	월 / 일	월 / 일	월 / 일	월 / 일
주제 05	주제 06	주제 07	주제 08	주제 05~08 주간 학습
월 / 일	월 / 일	월 / 일	월 / 일	월 / 일

사회

주제 01	주제 02	주제 03	주제 04	주제 01~04 주간 학습
월 / 일	월 / 일	월 / 일	월 / 일	월 / 일
주제 05	주제 06	주제 07	주제 08	주제 05~08 주간 학습
월 / 일	월 / 일	월 / 일	월 / 일	월 / 일

과학

주제 01	주제 02	주제 03	주제 04	주제 01~04 주간 학습
월 / 일	월 / 일	월 / 일	월 / 일	월 / 일
주제 05	주제 06	주제 07	주제 08	주제 05~08 주간 학습
월 / 일	월 / 일	월 / 일	월 / 일	월 / 일

　우리는 매일 국어, 과학, 사회 등의 교과 수업을 들으며 새로운 낱말을 만나요. 이 낱말들은 우리가 세상을 이해하고, 더 많은 지식을 쌓는 데 도움을 주어요. 하지만 낱말의 뜻을 잘 모르면 공부가 어려워질 수 있어요.

　'달곰한 문해력 초등 어휘'는 여러분이 일상생활뿐만 아니라 교과 과목에서 자주 만나는 중요한 낱말들을 재미있게 익힐 수 있도록 도와줄 거예요. 그림과 함께 이야기를 읽으며 낱말의 뜻을 추론하고, 어휘 반복 학습을 통해 낱말을 확실히 익힐 수 있도록 구성했어요. 여러분의 어휘력이 쑥쑥 자라도록 도와줄게요.

　그럼, 이제 '달곰한 문해력 초등 어휘'를 시작해 봐요!

WHY   왜 어휘를 따로 공부해야 할까요?

어휘는 문해력의 기본

어휘는 문해력의 기본이 되기 때문입니다. 문해력은 단순히 글을 읽고 해석하는 것에서 나아가 글과 문장 속에 숨어 있는 맥락을 찾아내고 그 것을 내재화하여 확장하는 능력까지 포함되는 것입니다. 이를 위해서 는 글과 문장 속에 있는 어휘의 정확한 뜻을 인지하고 있어야 합니다. 뜻 해석을 넘어 문장과 글, 다른 상황에도 확장하여 활용할 수 있어야 하기 때문입니다.

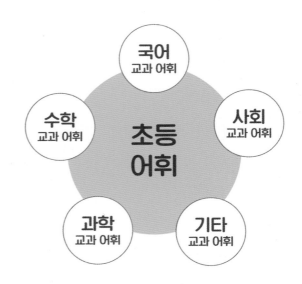

어휘는 모든 교과서의 기본

부족한 어휘 지식은 국어만이 아니라 수학, 사회, 과학을 학습할 때도 맥 락과 상황, 현상을 이해하는 데 걸림돌이 될 수 있습니다. 모든 교과 학 습에서 기본은 우리말인 국어이며 각 교과에서 필수적으로 알아야 할 어휘들이 바탕이 되어야 온전히 교과 학습을 이해할 수 있습니다.

WHAT   어떤 어휘를 공부해야 할까요?

학년별 필수 교과 어휘

어휘 공부에서 가장 기본적인 바탕이 되는 것은 교육과정에 따른 교과 어휘입니다. 따라서 과목별로 교과 필수 어휘를 공부하는 것이 가장 중 요합니다. 이때 어휘는 과목별로 따로 익혀야 합니다. 교육과정에 따른 각 과목의 교과 어휘를 별도로 학습해야 해당 교과를 공부할 때 어휘를 적재적소에 활용할 수 있기 때문입니다. 또한 해당 학년 외에 선행 어휘 를 익힐 필요도 있습니다. 학년에 맞는 수준으로 쓴 글이나 문장도 일부 어휘의 난이도가 높을 수 있기 때문입니다.

학습이 필요한 어휘

■ 학년 필수 교과 어휘   ■ 선행 어휘
■ 알고 있다고 생각하지만 모르는 어휘

 # HOW 어떻게 어휘를 공부해야 할까요?

의미 연결 학습

어휘를 단순히 나열하여 암기하는 방법으로는 어휘를 오래 기억하고 내재화하기 어렵습니다. 따라서 어휘는 의미를 연결 지어 학습하는 것이 효과적입니다.

문맥 속 추론 학습

어휘의 뜻만 기억하는 것보다, 어휘가 사용된 문맥 속에서 직접 추론하고 뜻을 익히면 기억에 오래 남아 다른 상황에서도 해당 어휘를 효과적으로 활용할 수 있습니다.

반복 학습

어휘력 향상은 기억력과의 싸움입니다. 따라서 반복 학습을 통해 어휘를 계속 기억할 수 있도록 해야 합니다. 해당 어휘가 사용되는 여러 상황을 반복적으로 접함으로써 어휘의 활용 능력도 향상시킬 수 있습니다.

달곰한 문해력 초등 어휘
한 권으로 어휘 학습 완성!

『달곰한 문해력 초등 어휘』는 각 학년 교과 필수 어휘를 완벽하게 익히는 완전 학습이 가능합니다. 교과 어휘 중 가장 핵심적인 어휘를 선정하여 주제별로 묶어 어휘를 의미적으로 연결하여 학습합니다. 지문의 문맥 속에서 추론하며 익히고, '일일 학습-주간 학습-어휘 평가'까지 세 번의 반복 학습을 통해 완전 학습이 가능합니다.

주제 낱말밭을 통해 의미적으로 연결된 **어휘 학습**

지문을 통해 문맥 속 어휘의 뜻 **추론 학습**

[일일 학습-주간 학습-어휘 평가]로 이어지는 **반복 학습**

어휘 완성!

이 책의 활용법

나에게 맞는 어휘 학습 주기로 계획을 세워 공부해요.

10일

과목별 집중 학습

국어, 사회, 과학 어휘를
순서대로 각각 10일씩
총 30일 학습해요.

- 국어 10일
- 사회 10일
- 과학 10일

어휘 평가

5일

과목별 선택 학습

국어, 사회, 과학 중
원하는 과목을 골라서
5일씩 학습을 두 번 해요.

- 국어 5일
- 과학 5일
- 사회 5일

2회 반복

어휘 평가

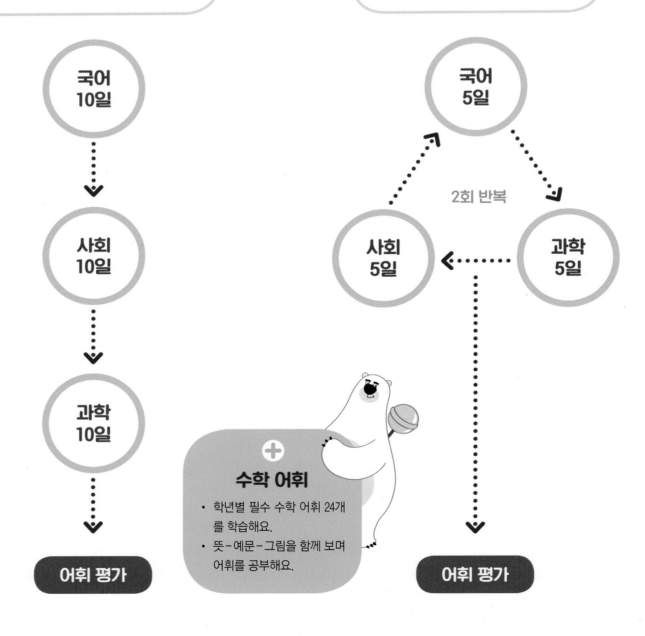

+ 수학 어휘

- 학년별 필수 수학 어휘 24개를 학습해요.
- 뜻 - 예문 - 그림을 함께 보며 어휘를 공부해요.

이 책을 추천하는
선생님의 한 마디

"달곰한 문해력 초등 어휘와 함께
체계적인 어휘 학습을 시작해 보세요"

추천사 **김택수 교수님**

경희사이버대학교
한국어문화학부 초빙교수

어휘력은 우리의 삶과 세상을 이해하는 가장 기본이 되는 도구입니다. 단순히 많은 단어를 아는 것을 넘어서서, 단어들이 담고 있는 깊이 있는 의미와 뉘앙스를 이해하고, 이를 통해 세상을 더욱 섬세하게 바라볼 수 있게 해주는 중요한 역할을 합니다.

어휘를 잘 모르면 어떤 일이 벌어질까요? 단어의 뜻을 모르므로 글에 대한 이해력이 떨어지고, 학습에 어려움을 겪게 될 것입니다. 또래 친구들과의 소통에서 문제가 생길 수도 있습니다. 어휘력이 낮으므로 자신을 표현할 수단이 적어 자기 생각과 감정을 정확하게 표현하기 어렵게 됩니다. 이에 따라 사회적 관계 형성과 유지 등 사회적 측면에서도 어려움을 경험하게 할 수 있습니다.

이러한 문제가 생기지 않게 하기 위해서는 체계적인 접근이 필요합니다. 먼저, 주제별 필수 어휘 학습을 시작으로 기초 어휘를 이해하고 단계적으로 확장하는 체계적인 어휘 학습이 매우 중요합니다.

또한 어휘를 단순히 나열하고 암기하는 방식이 아닌 추론과 반복 학습을 통해 여러 가지 상황과 다양한 문맥에서 그 의미를 이해하는 맥락 중심의 학습이 필요합니다. 여기에 규칙적이고 지속적인 복습과 적용 연습을 통한 반복 학습이 더해지면 학습자의 어휘력은 더욱 성장하게 될 것입니다.

'달곰한 문해력 초등 어휘'는 이러한 요소들을 통합적으로 제공합니다. '주제 낱말밭'을 통해 어휘를 의미적으로 연결한 어휘 학습을 제공하며, 단계적인 어휘력 향상과 맥락 속에서 자연스럽게 어휘를 이해하는 능력을 신장하는 데 도움을 줍니다.

이러한 과정을 통해 차근차근 하나하나 주어진 과제를 수행하면 '세상을 이해하는 단단한 틀'을 지니게 될 뿐만 아니라 다채로운 생각과 시선으로 삶을 마주하리라 생각합니다.

이 책의
구성과 특징

❶ 낱말밭

주제 어휘로 구성된 낱말밭의 그림과 이야기를 살펴보며 낱말의 뜻을 추론해요.

❷ 긴 글 읽기

다양한 종류의 긴 글을 읽으며 어휘의 뜻을 추론해요.

❸ 낱말밭 사전

어휘의 정확한 뜻을 확인하고 익혀요.

❹ 낱말밭 일일 학습 (1단계 확인과 적용)

여러 가지 유형의 어휘 확인 및 적용 문제를 풀면서 어휘를 학습해요.

❺ 낱말밭 일일 학습 (2단계 활용)

앞에서 배운 어휘를 활용하여 문장을 직접 만들어 써 봐요.

❻ 낱말밭 주간 학습

다양한 유형의 문제를 풀면서 4일간 학습한 어휘를 반복 학습해요.

❼ 디지털 속 한 문장

실생활에서 자주 접하는 디지털 장면에서 어휘를 활용한 글쓰기를 해 봐요.

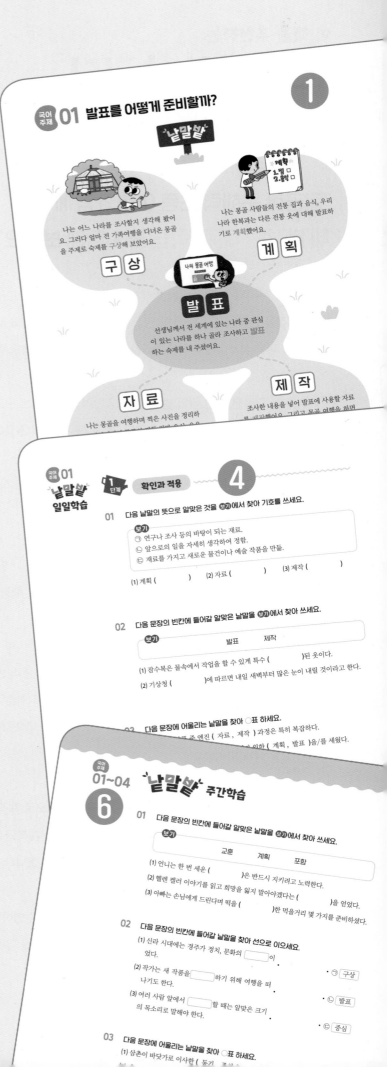

다음 글을 읽으며, 빈칸에 들어갈 낱말을 낱말밭에서 찾아 각각 써 보세요.

2

어떤 주제에 관하여 많은 사람들 앞에서 자신의 생각을 말하는 (1) ㅂ ㅍ 을/를 하면 긴장되거나 떨리는 기분을 느낄 때가 있다. 이때 자신감 있게 발표할 수 있는 방법은 여러 가지가 있다. 그중 발표에 필요한 (2) ㅈ ㄹ 을/를 직접 만들면 발표할 때 자신감을 높일 수 있다. 그러면 발표 자료를 만드는 과정은 어떠할까? 우선 발표 자료를 만드는 과정은 세 단계로 구분할 수 있다. (3) ㄱ ㅅ 하기 단계에서는 발표 주제와 방법, 사용할 정보의 내용 등을 미리 생각해 본다. 다음은 (4) ㄱ ㅎ 하기 단계이다. 이 단계에서는 발표할 주제에 관해 필요한 정보를 수집하고 사용할 자료를 정리한다. 마지막으로 (5) ㅈ ㅈ 하기 단계에서는 수집한 정보와 자료를 활용하여 발표 자료를 만든다.
이렇게 직접 만든 발표 자료를 가지고 알맞은 크기의 목소리로 내용을 정확하게 전달한다면 누구나 발표 전문가가 될 수 있을 것이다.

3

확인 ☑

낱말밭 사전 • 발표 어떤 일이나 생각 등을 여러 사람에게 널리 알리는 것.

정답 및 해설 4쪽

05 다음 밑줄 친 부분과 뜻이 비슷한 낱말을 찾아 쓰세요.

선생님께서 내일 미술 시간에 종이로 작품 만들기를 할 예정이니 미리 구상해 오라고 하셨다. 나는 학교에서 집으로 돌아오는 길에 무엇을 만들지 생각해 보았다. 때마침 집 현관 앞에 분리수거한 우유갑이 많이 보였다. 나는 우유갑과 색종이를 이용하여 예쁜 연필꽂이를 만들기로 결정했다.

(   )

06 다음 빈칸에 들어갈 알맞은 낱말을 보기에서 찾아 쓰세요.

보기
계획   자료

경수: 형, 우리 다음 주에 가는 제주도 여행 ㉠ 을/를 짜자.
경진: 내가 예전에 숙제 때문에 인터넷으로 제주도 관련 ㉡ 을/를 찾아본 적이 있어. 그때 성산 일출봉과 천지연 폭포를 봤는데 정말 멋있었어. 그 두 곳은 꼭 가 보고 싶어.

(1) ㉠: (   )   (2) ㉡: (   )

2단계 활용 5

07 다음 보기와 같이 주어진 낱말을 넣어 짧은 문장을 만들어 쓰세요.

보기
구상
✏ 미래의 탈것은 어떤 모습일지 구상해 보았다.

✏ 발표

7

디지털 속 한 문장

정답 및 해설 8쪽

다음을 보고, 줄거리라는 낱말을 넣어 ㉠에 들어갈 답글을 문장이나 글로 쓰세요.

🏠 독서 게시판

◇ 제목: 「행복한 왕자」를 읽고…

• 글쓴이 방수현   • 등록일 20XX.00.00   • 조회수 27

나는 이번에 「행복한 왕자」를 읽었다. 이 책의 줄거리는 자신의 몸과 마음을 다해서 왕자와 제비가 주변 사람들을 도와준다는 내용이다. 모든 것을 희생하면서 남을 돕는 왕자와 제비의 모습에 눈물이 날 뻔했다. 큰 감동을 주는 책이기에 친구들에게 추천하고 싶다.

👍 좋아요 🔲

> 이기영 나도 「

부록

▶ 수학 필수 어휘

▶ 국어/사회/과학 어휘 확인

▶ 국어/사회/과학 어휘 평가

이 책의 차례

국어

01~04

주제별로 묶어 어휘를 의미적으로 연결하여 학습해 봐!

나는 어느 나라를 조사할지 생각해 봤어요. 그러다 얼마 전 가족여행을 다녀온 몽골을 주제로 숙제를 **구상**해 보았어요.

구 상

나는 몽골 사람들의 전통 집과 음식, 우리나라 한복과는 다른 전통 옷에 대해 발표하기로 **계획**했어요.

계 획

발 표

선생님께서 전 세계에 있는 나라 중 관심이 있는 나라를 하나 골라 조사하고 **발표**하는 숙제를 내 주셨어요.

자 료

나는 몽골을 여행하며 찍은 사진을 정리하고, 인터넷에서 몽골의 전통 집과 음식, 옷을 검색하며 **자료**를 모았어요.

제 작

조사한 내용을 넣어 발표에 사용할 자료를 **제작**했어요. 그리고 몽골 여행을 하면서 찍은 사진은 동영상으로 만들었지요.

다음 글을 읽으며, 빈칸에 들어갈 낱말을 낱말밭에서 찾아 각각 써 보세요.

어떤 주제에 관하여 많은 사람들 앞에서 자신의 생각을 말하는 (1) [ㅂ ㅍ] 을/를 하면 긴장되거나 떨리는 기분을 느낄 때가 있다. 이때 자신감 있게 발표할 수 있는 방법은 여러 가지가 있다. 그중 발표에 필요한 (2) [ㅈ ㄹ] 을/를 직접 만들면 발표할 때 자신감을 높일 수 있다. 그러면 발표 자료를 만드는 과정은 어떠할까?

발표 자료를 만드는 과정은 세 단계로 구분할 수 있다. 우선 (3) [ㄱ ㅅ] 하기 단계에서는 발표 주제와 방법, 사용할 정보의 내용 등을 미리 생각해 본다. 다음은 (4) [ㄱ ㅎ] 하기 단계이다. 이 단계에서는 발표할 주제에 관해 필요한 정보를 수집하고 사용할 자료를 정리한다. 마지막으로 (5) [ㅈ ㅈ] 하기 단계에서는 수집한 정보와 자료를 활용하여 발표 자료를 만든다.

이렇게 직접 만든 발표 자료를 가지고 알맞은 크기의 목소리로 내용을 정확하게 전달한다면 누구나 발표 전문가가 될 수 있을 것이다.

낱말밭 사전

확인 ☑

* **발표** 어떤 일이나 생각 등을 여러 사람에게 널리 알리는 것. ☐

* **구상** 앞으로 할 일에 대하여 그 일의 내용이나 이루려는 방법 등을 이리저리 생각함. ☐

* **계획** 앞으로의 일을 자세히 생각하여 정함. ☐

* **자료** 연구나 조사 등의 바탕이 되는 재료. ☐

* **제작** 재료를 가지고 새로운 물건이나 예술 작품을 만듦. ☐

01 다음 낱말의 뜻으로 알맞은 것을 (보기)에서 찾아 기호를 쓰세요.

> **보기**
> ㉠ 연구나 조사 등의 바탕이 되는 재료.
> ㉡ 앞으로의 일을 자세히 생각하여 정함.
> ㉢ 재료를 가지고 새로운 물건이나 예술 작품을 만듦.

(1) 계획 (   )   (2) 자료 (   )   (3) 제작 (   )

02 다음 문장의 빈칸에 들어갈 알맞은 낱말을 (보기)에서 찾아 쓰세요.

> **보기**
> 발표   제작

(1) 잠수복은 물속에서 작업을 할 수 있게 특수 (   )된 옷이다.

(2) 기상청 (   )에 따르면 내일 새벽부터 많은 눈이 내릴 것이라고 한다.

03 다음 문장에 어울리는 낱말을 찾아 ◯표 하세요.

(1) 자동차 부품 중 엔진 (자료 , 제작) 과정은 특히 복잡하다.

(2) 승채는 여름 방학을 알차게 보내기 위한 (계획 , 발표)을/를 세웠다.

04 다음 빈칸에 공통으로 들어갈 낱말로 알맞은 것은 무엇인가요? (   )

> 주원이는 우리나라 인구가 빠르게 줄어들고 있다는 것을 신문 기사에서 읽
> 었다. 신문 기사 옆에는 최근 5년 동안 해마다 인구가 줄어드는 것을 보여 주
> 는 그림 [   ]이/가 있었다. 주원이는 이 [   ]을/를 보고 우리나라
> 인구가 급격히 줄어드는 모습을 한눈에 볼 수 있었다.

① 계획   ② 구상   ③ 발표   ④ 자료   ⑤ 제작

05 다음 밑줄 친 부분과 뜻이 비슷한 낱말을 찾아 쓰세요.

> 선생님께서 내일 미술 시간에 종이로 작품 만들기를 할 예정이니 미리 구상해 오라고 하셨다. 나는 학교에서 집으로 돌아오는 길에 무엇을 만들지 생각해 보았다. 때마침 집 현관 앞에 분리수거한 우유갑이 많이 보였다. 나는 우유갑과 색종이를 이용하여 예쁜 연필꽂이를 만들기로 결정했다.

(   )

06 다음 빈칸에 들어갈 알맞은 낱말을 **보기**에서 찾아 쓰세요.

> **보기**
>
> 계획   자료

> 경수: 형, 우리 다음 주에 가는 제주도 여행 ⓐ 을/를 짜자.
>
> 경진: 내가 예전에 숙제 때문에 인터넷으로 제주도 관련 ⓑ 을/를 찾아본 적이 있어. 그때 성산 일출봉과 천지연 폭포를 봤는데 정말 멋있었어. 그 두 곳은 꼭 가 보고 싶어.

(1) ⓐ: (   )   (2) ⓑ: (   )

2단계   **활용**

07 다음 **보기**와 같이 주어진 낱말을 넣어 짧은 문장을 만들어 쓰세요.

> **보기**
>
> 구상
>
> ✎ 미래의 탈것은 어떤 모습일지 구상해 보았다.

(1) 발표

✎ _____

(2) 계획

✎ _____

문단은 어떻게 구성되어 있을까?

낱말밭

나와 친구들은 신문 기사를 한 **문장**씩 소리 내어 읽었어요. 신문을 친구들과 같이 읽으니 전혀 지루하지 않았어요.

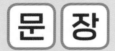

신문 기사 제목에도 나와 있듯이 갯벌을 보호하자는 것이 우리가 함께 읽은 기사의 **중심** 내용이였어요.

친구들과 함께 갯벌에 관한 신문 기사를 읽었어요. 기사는 총 세 **문단**으로 이루어져 있었어요.

뒷 받 침

갯벌을 보호하자는 의견을 **뒷받침**하기 위해 갯벌을 터전으로 살아가는 생물들의 모습을 보여주었어요.

글

오늘 읽은 **글**을 통해 갯벌에 관한 관심이 커졌어요. 그래서 갯벌과 관련 있는 다른 글도 찾아서 읽어 볼 거예요.

다음 글을 읽으며, 빈칸에 들어갈 낱말을 낱말밭에서 찾아 각각 써 보세요.

한 편의 완성된 ⁽¹⁾ ㄱ 에는 글쓴이가 전하려고 하는 주제가 담겨 있다. 글의 주제를 파악하는 방법을 알아보기 전에 글을 이루는 단위부터 알아보자.

우선 생각이나 감정을 말이나 글로 완성하여 표현하는 최소 단위를 ⁽²⁾'ㅁ ㅈ '이라고 한다. 이것이 하나의 주제로 여러 개 모여서 이루어진 것이 바로 ⁽³⁾ ㅁ ㄷ 이며, 이들이 모여 한 편의 글이 된다. 그렇기 때문에 글의 주제를 알기 위해서는 각각의 문단을 잘 살펴보아야 한다.

이제 글의 주제를 파악하는 방법을 알아보자. 문단 속에는 여러 문장들이 있고, 이들은 저마다 역할이 있다. 문단에서 말하고자 하는 가장 중요하고 기본이 되는 문장을 ⁽⁴⁾'ㅈ ㅅ 문장'이라고 한다. 그리고 이를 강조하거나 지지하고 도와주는 역할을 하는 문장을 ⁽⁵⁾'ㄷ ㅂ ㅊ 문장'이라고 한다. 그래서 각 문단에서 중심 문장을 찾으면 글 전체의 주제를 쉽게 파악할 수 있다.

낱말밭 사전

확인 ☑

* **문단** 문장이 몇 개 모여서 한 가지 생각을 나타낸 것. ☐
* **문장** 여러 낱말을 써서 하나의 완성된 뜻을 나타낸 것. ☐
* **중심** 가장 중요하고 기본이 되는 부분. ☐
* **뒷받침** 뒤에서 도와주는 일. 또는 그런 사람이나 물건. ☐
* **글** 이야기나 생각, 느낌 등을 여러 낱말과 문장을 이어서 나타낸 것. ☐

1단계 확인과 적용

01 다음 뜻을 가진 낱말을 <u>보기</u>에서 찾아 쓰세요.

> **보기**
>
> 문장　　　　문단　　　　뒷받침

(1) 문장이 몇 개 모여 한 가지 생각을 나타낸 것. (　　　　　)

(2) 뒤에서 도와주는 일. 또는 그런 사람이나 물건. (　　　　　)

(3) 여러 낱말을 써서 하나의 완성된 뜻을 나타낸 것. (　　　　　)

02 다음 문장의 빈칸에 들어갈 낱말을 찾아 선으로 이으세요.

(1) 나는 숙제 때문에 이순신 장군과 관련된
　　　　□□□을/를 읽었다.　　　　・　　　　・㉠ 글

(2) 형은 이번 연극에서 처음으로 주변 역할이
　　　아닌 □□□ 역할을 맡았다.　　　・　　　　・㉡ 중심

03 다음 문장의 빈칸에 들어갈 알맞은 낱말을 <u>보기</u>에서 찾아 쓰세요.

> **보기**
>
> 문단　　　　뒷받침

(1) 나의 주장을 (　　　　　)할 수 있는 근거가 부족하다.

(2) 새로운 (　　　　　)을 시작할 때는 한 칸을 들여 써야 한다.

04 다음 밑줄 친 낱말이 들어갈 알맞은 문장을 찾아 ○표 하세요.

> 우리나라 명절 중 추석에 관한 <u>글</u>을 읽었다.

① 문단의 첫 번째 □□□에 밑줄을 그었다. (　　　　　)

② 세계여행을 하며 기록한 것을 모아 □□□(으)로 썼다. (　　　　　)

③ 부모님의 헌신적인 □□□ 덕분에 나는 성공할 수 있었다. (　　　　　)

05 다음 빈칸에 공통으로 들어갈 낱말로 알맞은 것은 무엇인가요? (   )

> 마침표(.), 느낌표(!), 물음표(?) 등을 [   ] 부호라고 한다. 이 중 어떤 [   ] 부호를 사용하느냐에 따라 [   ]의 뜻이 달라진다. 예를 들어 "밥 먹어."는 밥을 먹고 있거나 어서 밥을 먹으라는 뜻이고, "밥 먹어?"는 밥을 먹고 있냐고 묻는 뜻이 된다.

① 글   ② 계획   ③ 문단   ④ 문장   ⑤ 문제

06 다음 밑줄 친 부분과 뜻이 비슷한 낱말은 무엇인가요? (   )

> 양궁 선수들이 활을 쏠 때 목표로 삼는 것은 과녁의 중심으로, 이를 '정곡'이라고 한다. 우리가 흔히 사용하는 표현 '정곡을 찌르다.'는 어떤 일의 중요한 점을 콕 집어낼 때 쓴다. 그래서 '정곡'은 <u>가장 중요한 부분</u>을 뜻하기도 한다.

① 글   ② 구상   ③ 계획   ④ 자료   ⑤ 중심

2단계 **활용**

07 다음 보기와 같이 주어진 낱말을 넣어 짧은 문장을 만들어 쓰세요.

> **보기**
>
> 뒷받침
> ✎ 훌륭한 축구 선수가 되려면 먼저 실력이 <u>뒷받침</u>이 되어야 한다.

[글]

✎ --

08 다음 두 낱말을 모두 넣어 짧은 문장을 만들어 쓰세요.

[문단   문장   ]

✎ --

책을 읽고 감상문을 쓰면 책 내용이나 감동이 더욱 오래 기억에 남는다고 아빠가 말씀해 주셨어요.

감 상 문

아빠와 책 읽기로 약속하게 된 동기는 『행복한 왕자』라는 책을 읽고 크게 감동을 했기 때문이에요.

동 기

독 서

3학년이 되면서 책을 꾸준히 읽어야겠다는 생각이 들었어요. 그래서 나는 일주일에 한 권씩 독서하기로 아빠와 약속했어요.

줄 거 리

자신을 돌보지 않고 남을 돕는 왕자와 그런 왕자를 돕는 제비의 이야기가 『행복한 왕자』의 줄거리예요.

교 훈

『행복한 왕자』를 읽고 왕자와 제비처럼 나도 누군가에게 도움을 주는 사람이 되어야겠다는 교훈을 얻었어요.

다음 글을 읽으며, 빈칸에 들어갈 낱말을 낱말밭에서 찾아 각각 써 보세요.

정부의 최근 조사에 따르면, 우리나라 성인 10명 가운데 6명은 1년 동안 (1) [ㄷ ㅅ] 을/를 단 한 권도 하지 않은 것으로 나타났다. 책을 읽으면 지식과 지혜를 얻을 수 있고, 상상력이 풍부해지는 장점이 있다. 사람들이 책을 많이 읽고 즐길 수 있는 방법을 알아보자.

첫째, 하루나 일주일에 얼마만큼의 책을 읽을지 목표를 정하고 책을 읽는다. 이렇게 목표를 이루기 위해 책을 읽으면 날마다 책을 읽는 독서 습관을 기를 수 있다. 둘째, 책을 읽고 난 후 생각과 느낌을 담은 독서 (2) [ㄱ ㅅ ㅁ] 을/를 쓴다. 여기에는 내가 이 책을 선택하게 된 (3) [ㄷ ㄱ] 와/과 책의 핵심 내용을 간단하게 요약한 (4) [ㅈ ㄱ ㄹ], 책을 읽고 나서 깨달은 (5) [ㄱ ㅎ] 등이 포함된다. 이렇게 글을 쓰면 읽은 책의 내용을 다시 한번 생각할 수 있으며, 독서 감상문만 봐도 책에 관한 좋은 기억이 떠오를 것이다. 셋째, 자신의 수준에 맞고 관심이 가는 책을 스스로 골라서 읽는 것이다. 이런 방법을 활용하면 책을 즐겁게 읽을 수 있을 것이다.

낱말밭 사전

확인 ☑

* **독서** 책을 읽음. ☐

* **감상문** 어떤 물건이나 현상을 보거나 듣고 나서 느낀 것을 쓴 글. ☐

* **동기** 어떤 일이나 행동을 하게 된 까닭. ☐

* **줄거리** 글이나 이야기에서 핵심이 되는 것을 간단하게 요약한 내용. ☐

* **교훈** 행동이나 생활에 도움이 될 만한 가르침. ☐

1단계

확인과 적용

01 다음 낱말의 뜻으로 알맞은 것을 보기 에서 찾아 기호를 쓰세요.

> **보기**
> ㉠ 행동이나 생활에 도움이 될 만한 가르침.
> ㉡ 어떤 물건이나 현상을 보거나 듣고 나서 느낀 것을 쓴 글.

(1) 교훈 (　　　　　)　　　　　　(2) 감상문 (　　　　　)

02 다음 문장에 어울리는 낱말을 찾아 ○표 하세요.

(1) 내가 줄넘기를 시작한 (교훈 , 동기)은/는 살을 빼기 위해서였다.

(2) 어제 본 영화는 구성이 복잡해서 (감상문 , 줄거리) 파악이 어려웠다.

03 다음 문장의 밑줄 친 부분과 뜻이 비슷한 낱말을 보기 에서 찾아 쓰세요.

> **보기**
> 독서　　　　　　감상문

(1) 형과 나는 주말에 도서관에 가서 책을 읽고 국어 공부도 했다. (　　　　　)

(2) 민영이는 자원봉사를 하고 느낀 점을 쓴 글로 교내 백일장에서 상을 받았다.
(　　　　　)

04 다음 빈칸에 들어갈 낱말로 알맞은 것은 무엇인가요? (　　　　　)

> '벼 이삭은 익을수록 고개를 숙인다'라는 속담은 교양이 있고 훌륭한 사람 일수록 겸손해야 한다는 가르침을 준다. 이처럼 속담에는 옛날 사람들의 지혜 와 우리가 살아가는 데 도움을 주는 [　　　　]이/가 담겨 있다.

① 계획　　　② 교훈　　　③ 동기　　　④ 문장　　　⑤ 뒷받침

05 다음 ㉠과 ㉡에 들어갈 알맞은 낱말을 바르게 짝 지은 것은 무엇인가요?

(   )

> 하준: 너 수의사가 되겠다고 생각한 [㉠]이/가 뭐야?
>
> 영주: 우리 집 강아지가 아팠을 때 내가 치료해 주면 좋겠다고 생각했거든.
>
> 하준: 그렇다면 동물에 대해 많이 알아야겠구나.
>
> 영주: 응. 그래서 [㉡]을/를 많이 하려고. 특히 동물과 관련된 책을 많이 읽을 거야.

① ㉠: 동기 - ㉡: 교훈   ② ㉠: 동기 - ㉡: 제작   ③ ㉠: 동기 - ㉡: 독서

④ ㉠: 교훈 - ㉡: 독서   ⑤ ㉠: 제작 - ㉡: 독서

06 다음 밑줄 친 낱말과 뜻이 비슷한 낱말은 무엇인가요? (   )

> 『팥죽 할머니와 호랑이』라는 책을 읽었다. 팥죽을 잘 쑤는 할머니가 호랑이에게 잡아먹힐 위기에 처하게 되었는데, 알밤과 자라, 송곳, 멍석, 지게가 나타나 할머니를 도와 호랑이를 물리쳤다는 이야기이다. 이 책을 읽고 작은 힘도 모이면 큰일을 해낼 수 있다는 가르침을 얻었다.

① 독서   ② 중심   ③ 동기   ④ 교훈   ⑤ 감상문

2단계 활용

07 다음 보기와 같이 주어진 낱말을 넣어 짧은 문장을 만들어 쓰세요.

> **보기**
>
> 독서
>
> ✎ 어릴 때부터 독서를 하는 습관을 길러야 한다.

(1) 동기

✎ _____

(2) 줄거리

✎ _____

나는 '친구' 낱말 카드를 들고 아빠에게 유의어를 물었어요. 아빠는 '동무'가 적힌 카드를 찾아서 보여 주셨어요.

유의어

아빠가 '높다' 낱말 카드를 보여 주며 반의어를 물으시자, 나는 재빨리 '낮다'가 쓰인 카드를 찾았어요.

반의어

낱말

아빠는 나에게 숙제를 끝내면 낱말 카드로 게임을 하자고 하셨어요. 나는 얼른 숙제를 끝내고 아빠와 게임을 시작했어요.

포함

내가 '엄마', '아빠', '동생'을 포함하는 낱말을 물으니, 아빠는 웃으며 '가족'이 적힌 카드를 보여 주셨지요.

문맥

아빠는 '배' 낱말 카드를 들고 뜻이 여러 개인 낱말은 문맥에 맞게 뜻을 파악하면 된다고 말씀하셨어요.

다음 글을 읽으며, 빈칸에 들어갈 낱말을 낱말밭에서 찾아 각각 써 보세요.

　　뜻을 가진 낱낱의 말인 ⁽¹⁾［ㄴ ㅁ］은/는 그 수가 아주 많다. 모두 다 헤아릴 수 없을 만큼 많은 이들 사이에는 여러 가지 관계가 있다. 첫 번째로, '밥'과 '식사'처럼 소리는 다르지만 비슷한 뜻을 가진 낱말들이 있다. 이것을 ⁽²⁾［ㅇ ㅇ ㅇ］(이)라 한다. 뜻이 비슷한 낱말은 보통 서로 바꾸어 쓸 수 있지만, 문장 앞뒤 의미 관계인 ⁽³⁾［ㅁ ㅁ］에 맞게 사용해야 한다. 예를 들어, "고양이 밥 줘야지."라고 할 때 '밥'을 '식사'로 바꾸어 "고양이 식사 줘야지."라고 하면 문맥에 맞지 않는 표현이 된다.

　　두 번째는 ⁽⁴⁾［ㅂ ㅇ ㅇ］(으)로 '위'와 '아래'처럼 서로 반대되는 뜻을 가진 낱말들이 있다. 반의어가 되려면 낱말 사이에 서로 공통점이 있어야 한다. '위'와 '아래'는 뜻은 반대지만 위치를 나타낸다는 공통점이 있다.

　　이외에도 ⁽⁵⁾［ㅍ ㅎ］ 관계인 낱말도 있다. 예를 들어, '동물', '호랑이', '사자'라는 세 낱말에서 '동물'은 '호랑이'와 '사자'를 포함하는 낱말이고, '호랑이'와 '사자'는 '동물'에 포함되는 낱말이다.

낱말밭 사전

확인 ☑

* **낱말**　뜻을 가지고 있는 낱낱의 말. ☐

* **유의어**　뜻이 서로 비슷한 낱말. ☐

* **반의어**　반대의 뜻을 가진 낱말. ☐

* **포함**　어떤 무리나 범위에 함께 들어 있거나 함께 넣음. ☐

* **문맥**　서로 이어져 있는 문장의 앞뒤 의미 관계. ☐

확인과 적용

01 다음 뜻을 가진 낱말을 **보기**에서 찾아 쓰세요.

> **보기**
>
> 낱말   문맥   포함

(1) 뜻을 가지고 있는 낱낱의 말. (   )

(2) 서로 이어져 있는 문장의 앞뒤 의미 관계. (   )

(3) 어떤 무리나 범위에 함께 들어 있거나 함께 넣음. (   )

02 다음 문장의 빈칸에 들어갈 낱말을 **보기**에서 찾아 쓰세요.

> **보기**
>
> 반의어   유의어

(1) '어린이'의 (   )는 '어른'이다.

(2) '뛰다'와 '달리다'처럼 뜻이 서로 비슷한 낱말을 (   )라 한다.

03 다음 중 밑줄 친 낱말을 바르게 사용하여 말한 친구의 이름을 쓰세요.

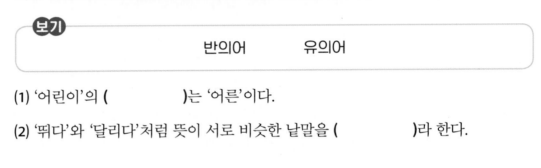

채원: '스티커'보다 '붙임딱지'라는 우리말로 된 낱말을 사용하자.

지훈: '마을'과 '동네'는 뜻이 서로 비슷한 반의어야.

(   )

04 다음 밑줄 친 낱말과 뜻이 반대되는 낱말을 찾아 쓰세요.

> 이번 주 금요일에 있을 체험 학습 안내입니다. 체험 학습 진행 시간은 점심 시간 한 시간을 제외하고 총 다섯 시간입니다. 몸을 움직이는 활동이 많으니 편한 복장과 운동화를 준비해 주십시오. 체험 학습 비용에 간식과 음료수 비용까지 포함되어 있으니, 식비는 따로 준비하지 않아도 됩니다.

(   )

05 다음 빈칸에 들어갈 알맞은 낱말을 **보기**에서 찾아 쓰세요.

> **보기**
>
> 유의어   문맥

> '어린이'와 '아이'처럼 소리는 다르지만 비슷한 뜻을 가지고 있는 낱말을 [㉠](이)라 한다. 이와 달리 '다리'처럼 소리는 같지만 다양한 뜻을 가진 낱말도 있다. '다리'에는 '몸 아래에 있는 신체의 부분.'이라는 뜻과 '사람이나 차가 강을 건널 수 있게 만든 시설물.'이라는 뜻이 있다. 이럴 때는 앞뒤 [㉡]을/를 살펴보면 어떤 뜻으로 쓰였는지 알 수 있다.

(1) ㉠: (   )   (2) ㉡: (   )

06 다음 빈칸에 공통으로 들어갈 낱말로 알맞은 것은 무엇인가요? (   )

> '꽃나무'와 '눈사람'에는 공통점이 있다. 바로 [   ] 두 개가 합쳐져 이루어졌다는 것이다. '꽃나무'는 '꽃'과 '나무', '눈사람'은 '눈'과 '사람'이 합쳐졌다. '돌다리', '눈물'로 이와 같은 형태로 이루어진 [   ]이다.

① 글   ② 계획   ③ 낱말   ④ 문맥   ⑤ 줄거리

2단계 **활용**

07 다음 **보기**와 같이 주어진 낱말을 넣어 짧은 문장을 만들어 쓰세요.

> **보기**
>
> 반의어
>
> ✎ '앞'과 '뒤'는 반의어이지만, 모두 방향을 나타내는 말이다.

(1) 포함

✎ --

(2) 문맥

✎ --

01 다음 문장의 빈칸에 들어갈 알맞은 낱말을 보기 에서 찾아 쓰세요.

> 보기
>
> 교훈   계획   포함

(1) 언니는 한 번 세운 (   )은 반드시 지키려고 노력한다.

(2) 헬렌 켈러 이야기를 읽고 희망을 잃지 말아야겠다는 (   )을 얻었다.

(3) 아빠는 손님에게 드린다며 떡을 (   )한 먹을거리 몇 가지를 준비하셨다.

02 다음 문장의 빈칸에 들어갈 낱말을 찾아 선으로 이으세요.

(1) 신라 시대에는 경주가 정치, 문화의 [   ]이
었다.

• ㉠ 구상

(2) 작가는 새 작품을 [   ]하기 위해 여행을 떠
나기도 한다.

• ㉡ 발표

(3) 여러 사람 앞에서 [   ]할 때는 알맞은 크기
의 목소리로 말해야 한다.

• ㉢ 중심

03 다음 문장에 어울리는 낱말을 찾아 ○표 하세요.

(1) 삼촌이 바닷가로 이사한 (동기 , 중심)은/는 오로지 낚시 때문이었다.

(2) 아파트 게시판에 엘리베이터 점검을 알리는 (글 , 포함)이 붙어 있었다.

04 다음 밑줄 친 부분과 뜻이 비슷한 낱말을 찾아 쓰세요.

> 우리는 인터넷과 책을 통해 연구나 조사의 바탕이 되는 재료를 빠르게 찾을
> 수 있다. 하지만 이렇게 찾은 자료 중에는 시간이 지나면서 틀린 자료가 되는
> 경우가 있을 수 있다. 그래서 찾은 자료를 사용하기 전에는 반드시 이것이 올
> 바른 자료인지 다시 한번 확인해야 한다.

(   )

정답 및 해설 8쪽

05 다음 글을 읽고, 빈칸에 알맞은 낱말을 쓰세요.

> 우리말에는 뜻이 비슷한 유의어가 있는데, 유의어를 많이 알면 좋은 점이 있다. 우선 생각을 정확하게 표현할 수 있다. 유의어 중에서도 상황에 따라 쓰기에 더 적절한 낱말이 있기 때문이다. 또한, 한 가지 낱말만 사용하는 것보다 유의어를 번갈아 쓰면 글의 단조로운 느낌도 줄일 수 있다.

→ ☐☐☐ 사용의 장점

06 다음 빈칸에 공통으로 들어갈 낱말로 알맞은 것은 무엇인가요? (   )

> 몇 개의 문장이 모여 한 가지 생각을 나타낸 ☐☐☐은 생각을 보여 주는 중심 문장과 이를 도와주는 뒷받침 문장으로 나뉜다. 그리고 새로운 ☐☐☐이 시작할 때는 다음 줄로 줄을 바꾸고 한 칸을 들여 써야 한다.

① 문단   ② 문맥   ③ 제작   ④ 감상문   ⑤ 뒷받침

07 다음 ㉠과 ㉡에 들어갈 알맞은 낱말을 바르게 짝 지은 것은 무엇인가요?

(   )

> 『아낌없이 주는 나무』라는 책을 읽었다. 소년에게 모든 것을 아낌없이 내어 주는 나무의 모습에서 나누는 것이 소중하다는 ☐㉠☐을 얻을 수 있었다. 책을 읽고 난 후 나의 생각과 느낌을 정리하여 ☐㉡☐도 썼다.

① ㉠: 문장 - ㉡: 동기   ② ㉠: 교훈 - ㉡: 동기   ③ ㉠: 교훈 - ㉡: 감상문
④ ㉠: 문맥 - ㉡: 감상문   ⑤ ㉠: 문장 - ㉡: 줄거리

08 다음 밑줄 친 부분과 뜻이 비슷한 낱말은 무엇인가요? (   )

> 매년 4월 23일은 '세계 책과 저작권의 날'이다. 이 기념일은 <u>책 읽기</u>의 즐거움을 알리고, 창작자의 권리를 강조하기 위해 1995년에 정해졌다. 4월 23일은 유명 작가인 세르반테스와 셰익스피어가 사망한 날이기도 하다.

① 글   ② 구상   ③ 독서   ④ 감상문   ⑤ 줄거리

▲「인왕제색도」

조선 시대 화가 정선이 그린 「인왕제색도」는 비 온 뒤 인왕산의 모습을 그린 것이다. 정선이 이 그림을 제작하기 전까지 우리나라의 *산수화는 중국 화가들이 그린 그림을 따라 그리거나 풍경을 상상하여 그린 것이었다. 그러나 정선은 우리나라를 돌아다니며 직접 본 모습을 그렸다. 특히 「인왕제색도」는 정선의 독특한 화법이 돋보이는 그림으로 조선 시대를 대표하는 미술 작품으로 평가받는다.

「인왕제색도」에는 다양한 이야깃거리가 있다. 그중 가장 유명한 것은 그림 오른쪽에 보이는 집이 누구의 집인지에 관한 것이다. 널리 알려진 것으로 그 집은 정선의 오랜 친구인 이병연의 집이며, 그림을 그린 ㉠까닭은 당시 몸이 아픈 이병연의 회복을 빌기 위함이라는 이야기가 있다. 정선이 「인왕제색도」를 그린 시기와 이병연이 세상을 떠난 시기가 비슷하다는 사실이 이 의견을 ㉡한다. 이 밖에도 그림 속 집이 정선의 집이라는 의견, 그림을 자주 주문한 사람의 집이라는 의견도 있다.

* 산수화: 동양화에서, 아름다운 자연의 경치를 그린 그림.

09 ㉠과 바꾸어 쓸 수 있는 낱말은 무엇인가요? (   )

① 교훈   ② 동기   ③ 재료   ④ 중심   ⑤ 문맥

10 ㉡에 들어갈 알맞은 낱말에 ○표 하세요.

① 발표 (   )   ② 포함 (   )   ③ 뒷받침 (   )

11 다음은 이 글의 제목입니다. 빈칸에 들어갈 알맞은 낱말은 무엇인가요?

(   )

정선이 「인왕제색도」를 □□한 동기와 다양한 이야기

① 중심   ② 낱말   ③ 제작   ④ 문장   ⑤ 교훈

🌸 디지털 속 한 문장

정답 및 해설 8쪽

다음을 보고, 줄거리라는 낱말을 넣어 ㉠에 들어갈 답글을 문장이나 글로 쓰세요.

🏠 독서 게시판   ⭐ 🔗 🖨️

◇ 제목: 『행복한 왕자』를 읽고…

• 글쓴이 방수현   • 등록일 20XX.00.00   • 조회수 27

나는 이번에 『행복한 왕자』를 읽었다. 이 책의 줄거리는 자신의 몸과 마음을 다해서 왕자와 제비가 주변 사람들을 도와준다는 내용이다. 모든 것을 희생하면서 남을 돕는 왕자와 제비의 모습에서 눈물이 날 뻔했다. 큰 감동을 주는 책이기에 친구들에게 추천하고 싶다.

[좋아요 👍]

> 이기영 나도 『행복한 왕자』 읽었어. 마지막에는 제비와 왕자가 행복해서 다행이야.   답글
> 김재영 줄거리를 알려 주니 더 궁금해지네. 나도 꼭 읽어야지!

㉠   입력

[목록] [인쇄]   [답변] [수정] [삭제] [글쓰기]

국어

05~08

주제별로 묶어 어휘를 의미적으로 연결하여 학습해 봐!

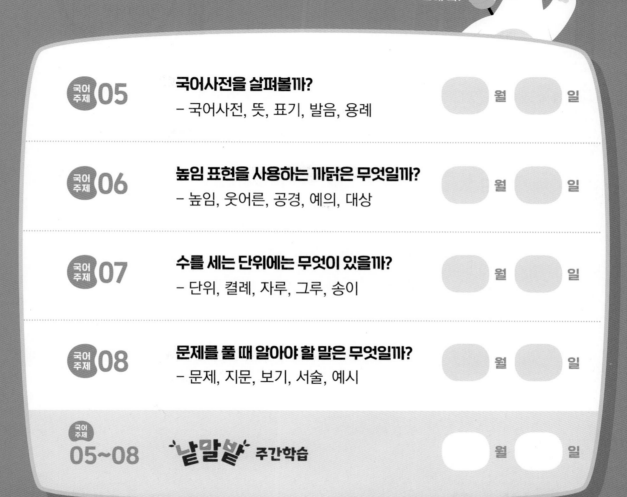

국어사전에서 찾아본 '생산량'의 **뜻**은 '어떠한 것이 일정한 기간 동안 만들어지는 양.'이였어요.

뜻

국어사전에는 '생산량'의 뜻만 있는 게 아니라 '생산량'의 한자도 함께 **표기**되어 있었어요.

표 기

국 어 사 전

신문 기사를 읽다가 '생산량'이라는 낱말이 궁금했어요. 그래서 **국어사전**에서 그 낱말을 찾아보기로 했어요.

발 음

'생산량'은 글자와 소리가 다른 낱말이에요. '량'이 [냥]으로 **발음**되어 [생산냥]으로 읽어야 하지요.

[생산냥]

용 례

국어사전에는 '생산량'이 실제로 쓰이는 **용례**도 있어서 낱말에 대해 더 잘 알 수 있었어요.

다음 글을 읽으며, 빈칸에 들어갈 낱말을 낱말밭에서 찾아 각각 써 보세요.

(1) ㄸ 을/를 모르는 낱말이 책에 나오면 (2) ㄱ ㅇ ㅅ ㅈ 에서 그 낱말을 찾아 뜻을 확인한다. 하지만 국어사전에는 낱말의 뜻만 있는 것은 아니며 언어생활에 도움이 되는 다양한 정보가 있다. 그러면 국어 사전에서는 어떤 정보를 찾을 수 있을까?

국어사전에는 낱말의 뜻과, 그 낱말이 실제로 사용된 (3) ㅇ ㄹ 이/가 실려 있다. 그래서 일상생활에서도 낱말을 올바르게 사용할 수 있도록 도움을 준다. 또한 낱말과 관련된 유의어, 반의어 등이 나와 있어서, 찾아본 낱말과 관련된 다른 낱말들도 함께 공부할 수 있다. 그리고 낱말의 정확한 (4) ㅂ ㅇ 을/를 확인할 수 있으며, 낱말의 한자를 (5) ㅍ ㄱ 하여 어떠한 한자를 사용하는지 알 수 있다. 한글 맞춤법과 같은 우리말에 대한 유용한 설명도 함께 있으므로 국어사전을 활용하면 언어생활에 큰 도움이 될 것이다.

낱말밭 사전

		확인 ☑
* **국어사전**	우리말을 모아 일정한 순서대로 의미와 쓰임새를 풀어서 설명한 책.	☐
* **뜻**	글, 말, 행동 등이 나타내는 의미나 내용.	☐
* **표기**	글자나 기호를 적는 것. 또는 적어서 나타낸 기록.	☐
* **발음**	말소리를 내는 것.	☐
* **용례**	실제로 사용되는 예나 보기.	☐

1단계 확인과 적용

01 다음 낱말의 뜻으로 알맞은 것을 **보기**에서 찾아 기호를 쓰세요.

> **보기**
> ㉠ 말소리를 내는 것.
> ㉡ 실제로 사용되는 예나 보기.
> ㉢ 우리말을 모아 일정한 순서대로 의미와 쓰임새를 풀어서 설명한 책.

(1) 발음 (   )   (2) 용례 (   )   (3) 국어사전 (   )

02 다음 문장에 어울리는 낱말을 찾아 ○표 하세요.

(1) '낫'과 '낮'은 (뜻 , 발음)이 같아 둘 다 [낟]이라고 읽는다.

(2) 낱말은 실제 사용하는 (표기 , 용례)와 함께 배우는 것이 효과적이다.

03 다음 초성을 보고, 빈칸에 들어갈 알맞은 낱말을 쓰세요.

(1) | ㅍ | ㄱ |

✎ 외국인 관광객을 위해 영어가 (   )된 관광 지도를 만들었다.

(2) | ㄸ |

✎ 나는 책을 읽을 때 (   )을/를 모르는 낱말이 나오면 밑줄을 긋는다.

04 다음 밑줄 친 낱말이 들어갈 알맞은 문장에 ○표 하세요.

> 아나운서는 정확한 발음으로 소식을 전했다.

① 달력에 작게 [   ]된 숫자는 음력을 나타낸다. (   )

② 밤나무의 열매를 뜻하는 '밤'은 길게 [   ]해야 한다. (   )

③ '배'는 먹는 배, 몸의 배 등 여러 가지 [   ]이/가 있다. (   )

05 다음 밑줄 친 낱말과 뜻이 비슷한 낱말을 찾아 쓰세요.

> 속담 중 '송충이는 솔잎을 먹어야 한다'는 자기 분수에 맞게 행동해야 한다는 뜻을 나타내고, '숭어가 뛰니까 망둥이도 뛴다'는 자기 처지를 생각하지 않고 잘난 사람을 덩달아 따라나섬을 나타낸다. 두 속담 모두 자신의 형편에 맞게 행동하라는 <u>의미</u>를 가지고 있다.

(   )

06 다음 ㉠과 ㉡에 들어갈 알맞은 낱말을 바르게 짝 지은 것은 무엇인가요?

(   )

> 『말모이』는 우리나라에서 최초로 편찬을 시도한 국어사전이다. 일제 강점기에 낱말의 의미인 ㉠ 과 그 낱말이 실제로 쓰이는 ㉡ 을/를 모아 원고가 작성되었지만, 실제로 출판되지는 못했다.

① ㉠: 뜻 - ㉡: 용례   ② ㉠: 뜻 - ㉡: 문맥   ③ ㉠: 발음 - ㉡: 뜻

④ ㉠: 발음 - ㉡: 표기   ⑤ ㉠: 발음 - ㉡: 용례

활용

07 다음 보기와 같이 주어진 낱말을 넣어 짧은 문장을 만들어 쓰세요.

> 보기
>
> 용례
>
> ✎ 인터넷으로 마침표가 언제 쓰이는지 <u>용례</u>를 찾아보았다.

뜻

✎ --

08 다음 두 낱말을 모두 넣어 짧은 문장을 만들어 쓰세요.

> 표기   국어사전

✎ --

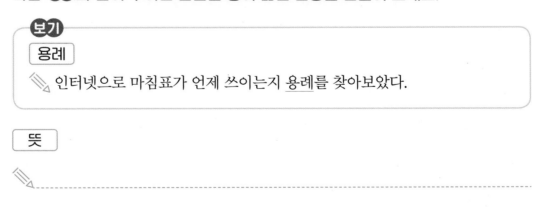

높임 표현을 사용하는 까닭은 무엇일까?

꼬마 삼촌은 막내 할아버지의 늦둥이 아들이에요. 할아버지는 내가 두 살이 더 많지만 꼬마 삼촌이 **웃어른**이라고 했어요.

꼬마 삼촌은 혼자서 방 청소를 할 만큼 의젓해요. 이런 모습을 보면 꼬마 삼촌을 **공경**하는 마음이 생겨요.

나는 꼬마 삼촌에게 **높임** 표현을 써서 인사를 해요. 그러면 꼬마 삼촌도 나에게 똑같이 존댓말로 답해 주지요.

내가 꼬마 삼촌에게 **예의** 바르게 인사하는 것을 본 민석이는 깜짝 놀란 표정으로 나를 쳐다봤지요.

삼촌 놀이터 가요.

높임 표현의 **대상**은 보통 부모님 같은 어른들이에요. 민석이는 꼬마 삼촌의 이야기를 듣고 고개를 끄덕였어요.

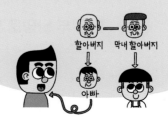

할아버지   막내 할아버지

아빠

다음 글을 읽으며, 빈칸에 들어갈 낱말을 낱말밭에서 찾아 각각 써 보세요.

우리나라는 옛날부터 '동방예의지국'이라고 불리며 (1)[ㅇ][ㅇ]을/를 중요하게 여겼다. 이는 우리가 쓰는 말로도 이어졌다. 그래서 우리 말에는 상대방을 (2)[ㄱ][ㄱ]하는 마음을 담아 대접하고 높이는 표현이 많다.

(3)[ㄴ][ㅇ] 표현을 사용하는 경우는 세 가지가 있다. "할아버지, 잘 다녀오셨어요?"처럼 듣는 사람이 (4)[ㅇ][ㅇ][ㄹ]일 때 쓰는 경우가 있고, "저기 할아버지께서 도착하셨다."와 같이 행동하는 사람이 웃어른일 때 쓰는 경우가 있다. 마지막으로 "이건 할아버지께 드릴 선물이야."와 같이 '누구에게'에 해당하는 사람이 웃어른일 때도 높임 표현을 쓴다.

높임 표현은 높임의 (5)[ㄷ][ㅅ]에게 높임을 뜻하는 특별한 낱말을 사용해서 쓸 수 있다. 친구에게는 '이름'이라 쓰지만, 웃어른에게는 '성함'이라고 써야 한다. '댁', '진지', '생신', '연세'는 모두 어른에게 쓰는 높임말로, '집', '밥', '생일', '나이'를 높여서 쓰는 말이다.

낱말밭 사전

확인 ✓

* **높임** 사람이나 사물을 높이는 뜻으로 이르는 말. ☐

* **웃어른** 자기보다 나이가 많거나 높은 자리에 있는 사람. ☐

* **공경** 윗사람을 공손히 받들어 모심. ☐

* **예의** 존경의 뜻을 담아 나타내는 말투나 몸가짐. ☐

* **대상** 어떤 일의 상대나 목표로 삼는 것. ☐

 확인과 적용

01 다음 낱말의 뜻으로 알맞은 것을 보기에서 찾아 기호를 쓰세요.

> **보기**
> ㉠ 윗사람을 공손히 받들어 모심.
> ㉡ 어떤 일의 상대나 목표로 삼는 것.
> ㉢ 사람이나 사물을 높이는 뜻으로 이르는 말.

(1) 높임 (   )　　(2) 공경 (   )　　(3) 대상 (   )

02 다음 문장에 어울리는 낱말을 찾아 ○표 하세요.

(1) 지안이는 (공경 , 예의) 바른 행동을 해서 칭찬을 받았다.

(2) 우리 시에서는 지역 사회의 주민들을 (대상 , 높임)으로 음악회가 열렸다.

03 다음 문장의 밑줄 친 부분과 뜻이 비슷한 낱말을 보기에서 찾아 쓰세요.

> **보기**
> 공경　　　　웃어른

(1) 상대방이 <u>나이가 많거나 높은 자리에 있는 사람</u>이면 높임 표현을 써야 한다.

(   )

(2) 『심청전』처럼 부모님을 <u>공손히 받들어 모시는 것</u>을 다룬 이야기를 찾아보자.

(   )

04 다음 ㉠과 ㉡에 들어갈 알맞은 낱말을 바르게 짝 지은 것은 무엇인가요?

(   )

> "주문하신 피자가 나오셨습니다."와 같은 말을 들어 본 적이 있을 것이다. 고객을 높여 주는 [㉠] 표현 같지만 사실은 틀린 표현이다. 높여야 할 [㉡]은/는 사람인데, 사람이 아닌 피자를 높였기 때문이다. 따라서 이 말은 "주문하신 피자가 나왔습니다."로 써야 알맞다.

① ㉠: 높임 - ㉡: 대상　　② ㉠: 대상 - ㉡: 예의　　③ ㉠: 높임 - ㉡: 공경

④ ㉠: 예의 - ㉡: 웃어른　　⑤ ㉠: 공경 - ㉡: 웃어른

05 다음 빈칸에 들어갈 낱말로 알맞은 것은 무엇인가요? ( )

> '에이지즘'은 노인에 대한 편견을 당연하게 여기는 태도를 말한다. 우리 사회에도 에이지즘 현상이 나타나고 있다. 앞서 인생을 경험한 어르신에 대한 ☐☐☐☐ 이/가 많이 사라졌기 때문에 이들의 조언을 들으려 하지 않는다.

① 높임 　　② 용례 　　③ 대상 　　④ 공경 　　⑤ 웃어른

06 다음 밑줄 친 낱말과 뜻이 비슷한 낱말을 찾아 쓰세요.

> 우리나라 전통 인사법은 '절'이다. 절은 상대에 따라 큰절과 평절, 반절로 나눌 수 있다. 웃어른에게는 큰절과 평절을 하고, 아랫사람에게는 반절을 하며 예의를 지킨다. 절을 하기 전 기본자세는 <u>존경을 나타내기 위한 몸가짐</u>으로 양손을 앞으로 자연스럽게 모아 맞잡는다. 이때 남자는 왼손을 오른손 위에, 여자는 오른손을 왼손 위에 포갠다.

( )

2단계 활용

07 다음 보기와 같이 주어진 낱말을 넣어 짧은 문장을 만들어 쓰세요.

> **보기**
>
> 높임
>
> ✎ 웃어른과 대화할 때는 <u>높임</u> 표현을 사용한다.

(1) 예의

✎ _____

(2) 대상

✎ _____

08 다음 두 낱말을 모두 넣어 짧은 문장을 만들어 쓰세요.

> 공경　　　　웃어른

✎ _____

나는 집에서 쓰지 않는 물건을 팔아 보기로 했어요. 새 것이지만 신지 않는 신발 두 **켤레**를 가지고 나왔어요.

켤레

동생은 가지고 놀던 장난감 칼을 세 **자루** 챙겼어요. 동생과 나는 벼룩시장에서 물건을 팔 생각에 들떠 있었어요.

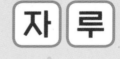

자루

단위

집 근처 공원에서 벼룩시장이 열렸어요. 참여한 사람이 많아, 백 **단위**를 넘는 상점들이 열렸다고 해요.

그루

우리는 공원에 도착해서 돗자리를 폈어요. 뒤에는 나뭇잎이 무성한 나무 두 **그루**가 있어서 시원한 그늘 밑에 앉을 수 있었지요.

송이

우리는 가져온 물건을 전부 팔았어요. 물건을 판 돈으로 동생과 나는 엄마에게 드릴 장미꽃 한 **송이**를 샀어요.

다음 글을 읽으며, 빈칸에 들어갈 낱말을 낱말밭에서 찾아 각각 써 보세요.

우리말에는 수를 셀 때 쓰는 다양한 말이 있다. 예를 들어 "친구 두 명과 아이스크림 세 개를 먹다가 고양이를 네 마리 보았어."라는 문장에서 '명', '개', '마리'는 수를 세는 말이다. 이처럼 수나 양 등을 셀 때 사용하는 기준을 ⁽¹⁾「ㄷ ㅇ」'라고 하는데, 어떤 물건을 세느냐에 따라 단위를 나타내는 말이 달라진다.

먼저 식물을 세는 단위에는 무엇이 있을까? 꼭지에 달린 꽃이나 열매를 셀 때는 ⁽²⁾「ㅅ ㅇ」', 나무를 셀 때는 ⁽³⁾「ㄱ ㄹ」'를 쓴다. 뿌리를 기준으로 식물을 셀 때는 '배추 스무 포기'처럼 '포기'를 사용한다.

연필을 셀 때는 ⁽⁴⁾「ㅈ ㄹ」'를 쓴다. 호미, 창, 칼과 같은 길쭉한 농기구나 무기를 셀 때도 쓰인다.

신발이나 양말, 장갑처럼 짝이 있어야 쓸 수 있는 물건을 묶어서 셀 때는 ⁽⁵⁾「ㅋ ㄹ」'를 쓴다. 이 물건들은 한 짝만으로는 쓸모가 없는 경우가 많다. 그래서 '고무신 한 짝, 젓가락 한 짝'처럼 그 물건 중 하나를 가리킬 때는 '짝'이라는 단위를 사용한다.

낱말밭 사전

확인 ☑

* **단위** 수, 양, 길이, 무게, 시간, 크기 들을 재는 데 바탕이 되는 기준. ☐

* **켤레** 신발, 양말, 장갑처럼 짝이 되는 두 개를 하나로 묶어서 세는 말. ☐

* **자루** 길쭉한 필기도구나 연장 같은 것을 세는 말. ☐

* **그루** 나무를 세는 말. ☐

* **송이** 꼭지에 달린 꽃이나 열매를 세는 말. ☐

1단계 확인과 적용

01 다음 뜻을 가진 낱말을 **보기**에서 찾아 쓰세요.

> **보기**
>
> 단위   자루   송이

(1) 꼭지에 달린 꽃이나 열매를 세는 말. (   )

(2) 길쭉한 필기도구나 연장 같은 것을 세는 말. (   )

(3) 수, 양, 길이, 무게, 시간, 크기 들을 재는 데 바탕이 되는 기준. (   )

02 다음 문장의 빈칸에 들어갈 낱말을 **보기**에 있는 글자 카드로 만들어 보세요.

> **보기**
>
> 송   그   레   이   켤   루

(1) 엄마는 밭에서 신을 장화를 세 (   ) 사셨다.

(2) 지난밤에 난 산불로 나무 200여 (   )이/가 불에 탔다.

(3) 나는 어버이날 부모님께 드릴 카네이션을 두 (   ) 샀다.

03 다음 중 '자루'를 바르게 사용한 문장을 찾아 ◯표 하세요.

① 우리 학교 운동장에는 큰 벚나무가 한 자루 있다. (   )

② 폴란드에서 바이킹이 쓴 것으로 보이는 칼 한 자루가 발견됐다. (   )

04 다음 ㉠과 ㉡에 들어갈 알맞은 낱말을 바르게 짝 지은 것은 무엇인가요?

(   )

> 우리나라 고창에서 포도나무 한 [㉠]에 포도 4,000 [㉡]가 열렸다고 한다. 보통 포도나무 한 [㉠]에 50~100 [㉡]가 열리는 것과 비교하면 엄청난 기록이다. 이 나무를 키운 농부는 포도나무에 특별한 비료를 준 것은 아니며, 포도나무 스스로 능력을 최대한으로 발휘할 수 있는 환경을 만들어 줬다고 한다.

① ㉠: 자루 - ㉡: 송이   ② ㉠: 그루 - ㉡: 송이   ③ ㉠: 그루 - ㉡: 켤레

④ ㉠: 송이 - ㉡: 자루   ⑤ ㉠: 자루 - ㉡: 켤레

05 다음 빈칸에 들어갈 알맞은 낱말을 **보기**에서 찾아 쓰세요.

> **보기**
>
> 단위   켤레

> 우리말에는 쌍, 벌, ⬚ ㉠ 처럼 두 개가 짝을 이룬 하나의 덩어리를 세는 ⬚ ㉡ 가 많다. '쌍'은 암컷과 수컷이 짝을 이룬 것으로 '비둘기 한 쌍'처럼 쓰인다. '벌'은 윗옷과 아래옷이 짝을 이룬 양복을 셀 때 사용한다. 신발처럼 두 짝을 세는 말은 ⬚ ㉠ 로, '신발 한 ⬚ ㉠ '와 같이 사용한다.

(1) ㉠: (   ) (2) ㉡: (   )

06 다음 빈칸에 들어갈 낱말로 알맞은 것은 무엇인가요? (   )

> 660년, 백제에 신라와 당나라의 연합군이 쳐들어왔다. 이 소식을 들은 백제의 충신 흥수는 의자왕에게 탄현에서는 한 명의 군사와 한 ⬚ 의 창으로 적군 1만 명을 막을 수 있으므로, 이곳에서 전투를 벌여 적을 막아야 한다고 말했다. 그러나 의자왕은 흥수의 말을 듣지 않았고, 탄현을 넘어온 적군과 황산벌에서 싸우다 크게 져서 백제는 멸망하고 말았다.

① 단위   ② 그루   ③ 켤레   ④ 자루   ⑤ 송이

2단계 **활용**

07 다음 **보기**와 같이 주어진 낱말을 넣어 짧은 문장을 만들어 쓰세요.

> **보기**
>
> 단위
>
> ✎ 우리나라에서는 길이는 미터, 무게는 그램을 기본 단위로 사용한다.

(1) 그루

✎ --

(2) 자루

✎ --

국어 주제 08 문제를 풀 때 알아야 할 말은 무엇일까?

1. 다음 지문의 내용과 일치하는 것은 무엇인가요? ( )

물질은 온도에 따라 퍼져 나가는 속도가 다르다. 뜨거운 물과 얼음물을 넣은 물컵을 준비해 보자. 두 컵에 빨간색 물감을 떨어뜨리면 어떤 일이 벌어질까? 뜨거운 물에 떨어진 물감이 가장 빨리 퍼지고, 얼음물에 넣은 물감은 천천히 퍼진다.

①빨간색 물감은 뜨겁다.
② 물질은 움직이지 않는다.
③ 얼음물에서 물질은 빠르게 퍼져 나간다.

엄마는 문제에 나온 **지문**을 꼼꼼히 읽어야 한다고 하셨어요. 나도 꼼꼼히 읽고 싶은데 지문이 긴 문제는 어려워요.

지 문

2. 다음 [보기]와 관련 있는 기체의 특징은 무엇인가요? ( )
[보기]
㉠ 여름에 하수구 냄새가 올라오는 현상
㉡ 모기향을 피우면 모기가 그 냄새를 맡고 죽는 현상
ㄷ. 향수를 뿌리면 조금 떨어진 곳에서도 향기를 맡을 수 있는 현상

①확산 ②반사 ③굴절 ④직진 ⑤증발

엄마는 문제와 **보기**도 제대로 읽어야 한다고 하셨어요. 보기를 잘 파악해야 알맞은 답을 찾을 수 있기 때문이에요.

보 기

문 제

다음 주에는 학교에서 쪽지 시험을 봐요. 오늘은 엄마와 함께 쪽지 시험에 대비하는 **문제**를 같이 풀 거예요.

서 술

쪽지 시험의 마지막 문제는 내 생각을 서술하는 문제예요. 엄마는 생각과 함께 까닭을 꼭 쓰라고 알려주셨어요.

예 시

엄마와 함께 문제를 다 풀고 채점했어요. 생각을 쓰는 문제는 **예시** 답안을 보면서 채점할 수 있었어요.

다음 글을 읽으며, 빈칸에 들어갈 낱말을 낱말밭에서 찾아 각각 써 보세요.

국어는 짧은 시간 집중적으로 공부를 한다고 해서 시험 ⁽¹⁾[ㅁ | ㅈ] 을/를 잘 풀 수 있는 과목이 아니다. 중요한 것은 꾸준히 공부하며 문제를 풀어 보는 것이지만, 문제를 풀기 위한 방법도 살펴봐야 한다.

국어는 문제 하나만 달랑 나오는 것이 아니라 이야기나 설명하는 글처럼 다양한 읽을거리와 함께 나온다. 그래서 문제에 주어진 글인 ⁽²⁾[ㅈ | ㅁ] 을/를 잘 읽어야 한다. 이야기는 인물이나 장면을 그림 그리듯이 쓰고, 설명하는 글은 예를 들어 보이는 ⁽³⁾[ㅇ | ㅅ] 와/과 같은 방법을 써서 설명한다. 이처럼 글의 종류에 따라 ⁽⁴⁾[ㅅ | ㅅ] 하는 방법이 달라지기 때문에 그에 맞게 지문을 꼼꼼히 읽어야 한다.

지문을 읽고 난 다음에는 문제의 내용을 파악해야 한다. 그리고 문제에 ⁽⁵⁾[ㅂ | ㄱ] 이/가 있다면, 이 또한 정확히 읽어 보고 정답을 찾아야 한다. 지문과 문제를 정확하게 파악하는 과정을 거치면 국어 문제를 더 잘 풀 수 있을 것이다.

낱말밭 사전

확인☑

* **문제** 대답이나 풀이를 하라고 내는 물음. ☐

* **지문** 주어진 내용의 글. ☐

* **보기** 무슨 말인지 알아듣기 쉽게 내세워 보이는 대표적인 것. ☐

* **서술** 사실이나 생각을 말하거나 씀. ☐

* **예시** 예를 들어 보임. ☐

 확인과 적용

01 다음 뜻을 가진 낱말을 **보기**에서 찾아 쓰세요.

> **보기**
>
> 문제   지문   서술

(1) 주어진 내용의 글. (   )

(2) 사실이나 생각을 말하거나 씀. (   )

(3) 대답이나 풀이를 하라고 내는 물음. (   )

02 다음 초성을 보고, 빈칸에 들어갈 알맞은 낱말을 쓰세요.

(1) | ㅈ | ㅁ |

✎ 이 문제는 (   )이/가 너무 길어서 읽는 데 시간이 꽤 걸렸다.

(2) | ㅇ | ㅅ |

✎ 독자가 이해하기 쉽게 나는 적절한 (   )을/를 사용하며 글을 썼다.

03 다음 중 '문제'를 바르게 사용한 문장을 찾아 ○표 하세요.

① 기행문은 여행에서 보고 듣고 느낀 점을 문제한 글이다. (   )

② 국어 시험을 볼 때 시간이 부족해서 문제를 다 풀지 못했다. (   )

04 다음 ㉠과 ㉡에 들어갈 알맞은 낱말을 바르게 짝 지은 것은 무엇인가요?

(   )

> 글쓴이가 글을 써 내려가는 방법을 [㉠] 방식이라 한다. '개미'를 설명하는 글에는 개미의 종류와 특징을 넣을 수 있다. '[㉡]'를 사용하면 읽는 이가 이해하기 쉽다. 그래서 '개미는 협동을 잘한다.'를 '개미는 먹이를 옮기거나 집을 지을 때 협동을 잘한다.'처럼 [㉡]를 넣으면 읽는 이는 문장을 더욱 쉽게 이해할 수 있을 것이다.

① ㉠: 지문 - ㉡: 보기   ② ㉠: 지문 - ㉡: 문제   ③ ㉠: 서술 - ㉡: 보기

④ ㉠: 서술 - ㉡: 문제   ⑤ ㉠: 서술 - ㉡: 예시

05 다음 빈칸에 공통으로 들어갈 낱말로 알맞은 것은 무엇인가요? (   )

> 바둑돌 12개 중에서 흰 바둑돌이 검은 바둑돌보다 6개 적을 때 각각 바둑돌의 수를 구하는 ☐☐☐☐을/를 풀기 위해서는 검은 바둑돌은 12, 흰 바둑돌은 0부터 시작하는 표를 만들면 된다. 검은 바둑돌 9, 흰 바둑돌 3이 되면 ☐☐☐☐에서 말한 조건과 같아지는데 이를 통해 정답을 구할 수 있다.

① 문제   ② 지문   ③ 서술   ④ 보기   ⑤ 예시

06 다음 밑줄 친 부분과 뜻이 비슷한 낱말을 찾아 쓰세요.

> 문제와 함께 주어진 글을 잘 읽어야 한다. 지문의 종류가 주장하는 글이면, 세 가지를 찾으면서 읽으면 된다. 글쓴이의 주장은 무엇이고 주장에 대한 근거는 무엇인지, 그 근거는 타당한 것인지가 바로 그 세 가지이다. 이렇게 지문을 읽으면 내용을 쉽게 파악해서 문제를 잘 풀 수 있다.

(   )

2단계 **활용**

07 다음 **보기**와 같이 주어진 낱말을 넣어 짧은 문장을 만들어 쓰세요.

> **보기**
> 문제
> ✎ 나는 시험을 볼 때 마지막 문제부터 푼다.

(1) 지문

✎ --

(2) 보기

✎ --

01 다음 문장의 빈칸에 들어갈 낱말을 보기 에서 찾아 쓰세요.

> 보기
>
> 단위   문제   지문   예시

(1) 선생님께서는 보고하는 글의 다양한 (   )을/를 보여 주셨다.

(2) 우리는 다양한 (   )을/를 이용해 길이나 넓이, 무게 등을 나타낸다.

(3) 수학 (   )이/가 너무 어려워서 하나를 푸는 데 20분이 넘게 걸렸다.

(4) 학년이 올라가면 문제를 풀기 위해 읽어야 할 (   ) 길이가 길어진다.

02 다음 중 '그루'를 바르게 사용한 문장을 찾아 ○표 하세요.

① 할아버지 댁 마당에는 감나무 세 그루가 있다. (   )

② 아빠는 엄마에게 장미꽃이 여러 그루 섞인 꽃다발을 선물하셨다. (   )

03 다음 밑줄 친 낱말을 바르게 사용하여 말한 친구의 이름을 쓰세요.

> 운동화 한 켤레를 만들 때 전구를 일주일간 켠 만큼 이산화 탄소가 나온대.
>
> 채아
>
> 큰 나무 한 송이가 4인 가족이 쓸 산소를 내뿜는다고 하니까 나무를 많이 심어야겠어.
>
> 하윤

(   )

04 다음 ㉠과 ㉡에 들어갈 알맞은 낱말을 바르게 짝 지은 것은 무엇인가요?

(   )

> 엄마: 우재야, 내일 할머니 생신 때 드릴 편지 다 썼지?
>
> 우재: 그럼요. 생신 축하드린다고 높임 표현도 알맞게 잘 썼어요.
>
> 엄마: 할머니 같은 ㉠ 께는 공경하는 마음을 담아 높임말을 써야 해.
>
> 우재: 내일 할머니께서 오시면 ㉡ 바르게 인사 먼저 드리고 생신 축하
> 드린다고 말씀드릴 거예요.

① ㉠: 예의 - ㉡: 문제   ② ㉠: 지문 - ㉡: 공경   ③ ㉠: 대상 - ㉡: 예시

④ ㉠: 웃어른 - ㉡: 예시   ⑤ ㉠: 웃어른 - ㉡: 예의

정답 및 해설 13쪽

05 다음 ㉠~㉢ 중 낱말의 쓰임이 알맞지 <u>않은</u> 것을 찾아 기호를 쓰세요.

> ㉠<u>국어사전</u>에서 '국', '밖', '부엌'을 찾아보면 받침은 다르지만 모두 [ㄱ]으로 ㉡<u>보기</u>하는 것을 알 수 있다. 그리고 각 낱말이 실제로 사용되는 ㉢<u>용례</u>도 함께 나와 있다.

(   )

06 다음 글을 읽고, 빈칸에 들어갈 알맞은 낱말을 쓰세요.

> 『징비록』은 조선 시대 학자인 유성룡이 임진왜란에 대해 쓴 책이다. 유성룡은 임진왜란 같은 일을 다시는 겪지 않길 바라는 마음으로 당시 있었던 일들과 활약했던 인물들에 대해서 사실적이면서도 객관적으로 서술했다.

→ 『징비록』의 ☐☐ 방식

07 다음 빈칸에 공통으로 들어갈 낱말로 알맞은 것은 무엇인가요? (   )

> 우리나라가 일본에 주권을 빼앗기자 세계 지도 대부분은 우리의 '동해'를 '일본해'로 ☐☐하였다. 이후 '동해'의 ☐☐을/를 되찾고자 하는 우리나라 국민과 정부의 노력이 지속되면서 최근에는 '동해'를 '일본해'와 함께 ☐☐한 지도가 늘어나고 있다.

① 뜻   ② 표기   ③ 공경   ④ 단위   ⑤ 예시

08 다음 빈칸에 들어갈 알맞은 낱말을 **보기**에서 찾아 쓰세요.

> **보기**
>
> 예의   높임   보기   대상

> 웃어른을 ☐㉠☐(으)로 듣는 사람을 높이거나, 말하는 자신을 낮추면서 ☐㉡☐ 표현을 할 수 있다. 하지만 자기의 나라와 민족은 다른 사람에게 낮출 ☐㉠☐이/가 아니다. 그러므로 '우리'의 낮춤말인 '저희'를 사용한 '저희 나라'라는 표현은 사용하지 말아야 한다.

(1) ㉠: (   )   (2) ㉡: (   )

▲ 수메르인의 점토판

　문자가 발명되기 전 조상들은 입에서 입으로 이야기를 전했다. 그러다 문자를 사용하기 시작하면서 조상들의 이야기를 기록할 수 있게 되었다. 그러면 문자를 최초로 발명한 곳은 어디일까?

　고고학자들은 세계 최초로 문자를 사용한 흔적을 찾았다. 4천 년 전 수메르인들이 문자를 표기한 점토판을 발견한 것이다. 점토판에 표기한 이유는 주변에서 구하기 쉬운 재료이기 때문이었을 것이다. 강가에서 진흙을 퍼 와서 적당한 크기로 다듬은 후, 점토판이 마르기 전에 뾰족한 갈대로 글자를 새겼다. 이 글자의 모양이 쐐기 모양처럼 생겼다고 해서 '쐐기 문자'라고 부른다. 수메르인들이 남긴 점토판에는 이들이 ㉠공손히 받들어 모시는 신에게 바친 물건의 종류와 수, 신과 영웅의 이야기 등이 ⸤㉮⸥ 되어 있다.

　글자를 다 쓴 다음에는 점토판을 햇빛에 말리거나 불에 구워 단단하게 만들었다. 이런 특성으로 인해 큰 화재가 나더라도 사라지지 않았다. 덕분에 고고학자들은 수천 년 전에 쐐기 문자로 쓰인 내용이 무엇을 의미하는지 그 ⸤㉯⸥을/를 해석할 수 있게 된 것이다. 지금 우리가 수메르인들의 역사를 알 수 있는 것도 수메르인들이 남긴 점토판 덕분이라고 볼 수 있다.

09 ㉠과 뜻이 비슷한 낱말은 무엇인가요? (　　　　)

① 지문　　　② 공경　　　③ 보기　　　④ 대상　　　⑤ 송이

10 ㉮와 ㉯에 들어갈 알맞은 낱말을 보기에서 찾아 쓰세요.

> **보기**
>
> 뜻　　　자루　　　켤레　　　서술

(1) ㉮: (　　　　　　　) 　(2) ㉯: (　　　　　　　)

11 다음은 이 글의 제목입니다. 빈칸에 들어갈 알맞은 낱말은 무엇인가요?

(　　　　)

> 최초의 문자를 사용하여 점토판에 ☐☐한 수메르인

① 발음　　　② 표기　　　③ 단위　　　④ 예의　　　⑤ 자루

디지털 속 한 문장

다음을 보고, 그루라는 낱말을 넣어 기억에 남는 일을 문장이나 글을 쓰세요.

#그루

할머니 댁은 과수원을 해서 사과나무가 굉장히 많다. 할머니는 특별히 사과나무 한 그루에 있는 모든 사과는 내가 딸 수 있게 해 주셨다. 날은 더웠지만 사과를 따는 것은 재미있었다.

사회

01~04

주제별로 묶어 어휘를 의미적으로 연결하여 학습해 봐!

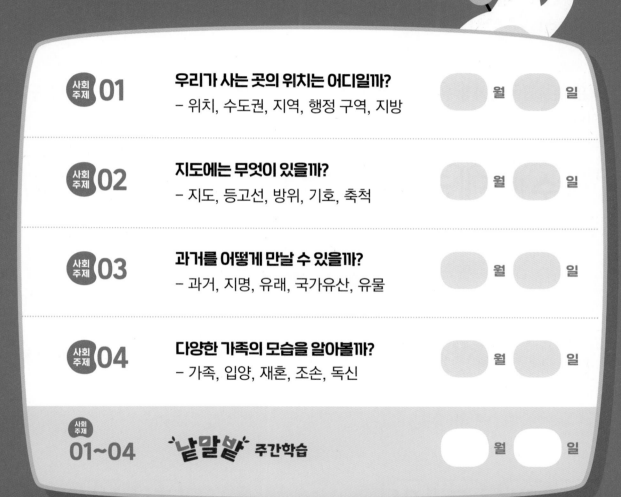

우리가 사는 곳의 위치는 어디일까?

아빠는 **수도권**에서 가장 유명한 떡볶이 맛집이라고 알려 주셨어요. 나는 설레는 마음으로 입맛을 다셨어요.

수 도 권

내가 사는 **지역**의 떡볶이 맛집은 거의 다 가 봤어요. 그래서 이번에는 먼 지역으로 가기로 했어요.

지 역

위 치

학교가 끝나고 아빠와 함께 떡볶이 맛집에 가기로 했어요. 아빠와 나는 전날 떡볶이 맛집의 **위치**를 찾아 두었지요.

행 정 구 역

한 시간 만에 도착한 떡볶이 맛집은 **행정 구역**으로는 인천광역시에 있는 곳이였어요. 소문대로 떡볶이는 맛있었지요.

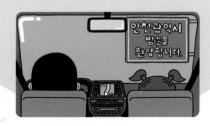

지 방

사장님께서는 주말이 되면 떡볶이를 먹으려고 다른 **지방**에서 오는 손님도 많다고 하셨어요.

다음 글을 읽으며, 빈칸에 들어갈 낱말을 낱말밭에서 찾아 각각 써 보세요.

　　지구본이나 세계 지도를 보면 우리나라의 (1)[ㅇ ㅊ]을/를 알 수 있다. 지구본에 그려진 가로줄을 '위선', 세로줄을 '경선'이라고 하는데, 이 줄들을 중심으로 살펴볼 때 우리나라는 북위 33도~43도, 동경 124도~132도 사이에 위치한다.

　　남북으로 긴 우리나라는 산이나 강 같은 자연환경을 기준으로 삼아 (2)[ㅈ ㅇ]을/를 나누었다. 우리나라는 북부 지방, 중부 지방, 남부 지방으로 나눌 수 있으며, 북부 (3)[ㅈ ㅂ]은/는 6·25전쟁을 거치면서 지금은 북한 전체를 가리키게 되었다.

　　중부와 남부 지방이 속한 남한의 (4)[ㅎ ㅈ ㄱ ㅇ]은/는 크게 서울특별시와 부산, 대구, 인천, 광주, 대전, 울산 6개의 광역시, 경기, 강원, 충북, 충남, 전북, 전남, 경북, 경남, 제주 등의 도와 특별자치도, 그리고 세종 특별자치시 등으로 이루어져 있다. 이 중에서 서울특별시와 인천광역시, 경기도 지역을 합쳐서 (5)[ㅅ ㄷ ㄱ](이)라고 부른다.

낱말밭 사전

확인 ☑

* **위치** 사람이나 사물이 일정한 곳에 차지한 자리. ☐

* **수도권** 수도와 수도 근처 지역. ☐

* **지역** 기준에 의해 테두리를 정해 놓은 땅. ☐

* **행정 구역** 행정 기관의 권한이 미치는 범위의 구역. ☐

* **지방** ① 어느 한 방면의 땅. ② 한 나라의 수도 밖 지역. ☐

01 다음 낱말의 뜻으로 알맞은 것을 <u>보기</u>에서 찾아 기호를 쓰세요.

> **보기**
> ㉠ 수도와 수도 근처 지역.
> ㉡ 기준에 의해 테두리를 정해 놓은 땅.
> ㉢ 사람이나 사물이 일정한 곳에 차지한 자리.

(1) 지역 (   )   (2) 위치 (   )   (3) 수도권 (   )

02 다음 문장의 빈칸에 들어갈 낱말을 <u>보기</u>에서 찾아 쓰세요.

> **보기**
> 위치   수도권

(1) 우리 학교의 (   )은/는 서울 한가운데이다.

(2) 오늘 밤 서울과 인천을 포함한 (   )에 많은 비가 내릴 예정이다.

03 다음 중 '행정 구역'을 바르게 사용한 문장을 찾아 ○표 하세요.

① 우리나라 인구는 <u>행정 구역</u>에 집중되어 있다. (   )

② 전라북도는 <u>행정 구역</u> 개편으로 전북특별자치도가 되었다. (   )

04 다음 빈칸에 들어갈 알맞은 낱말을 <u>보기</u>에서 찾아 쓰세요.

> **보기**
> 위치   지방

> 우리나라는 과거에 산이나 강을 기준으로 지역을 나누었다. 현재 북한 전체를 가리키는 '북부 ㉠'은/는 군사적으로 중요한 ㉡였던 철령 고개에 세워진 '철령관'을 기준으로 구분되었다.

(1) ㉠: (   )   (2) ㉡: (   )

05 다음 밑줄 친 부분과 뜻이 비슷한 낱말을 찾아 쓰세요.

> 수도권 집중 현상이 갈수록 심해지고 있다. 행정 안전부가 발표한 인구 통계에 따르면, 우리나라 수도인 서울과 서울 근처 지역에 사는 인구가 우리나라 전체 인구의 절반이 넘는다고 한다. 그중 청년들의 비중이 더 높은데, 수도권에는 일자리가 많기 때문이다. 이들은 일자리를 찾기 위해 지방을 떠나 수도권으로 오는 것이다.

(   )

06 다음 빈칸에 공통으로 들어갈 낱말로 알맞은 것은 무엇인가요? (   )

> [   ]을/를 나타내는 방법에는 크게 세 가지가 있다. 지리적 [   ]은/는 대륙이나 바다를 기준으로 나타낸다. 그래서 우리나라의 지리적 [   ]은/는 '아시아 대륙의 동쪽 끝'이라고 표현할 수 있다. 수리적 [   ]은/는 세계 지도에 그려진 위선과 경선으로 표현하는 방법이다. 그리고 주변 나라들과의 관계에 따라 나타내는 관계적 [   ]도 있다.

① 위치　　　② 지역　　　③ 지방　　　④ 수도권　　　⑤ 행정 구역

활용

07 다음 보기와 같이 주어진 낱말을 넣어 짧은 문장을 만들어 쓰세요.

> **보기**
> [위치]
> ✎ 지도를 보면 찾으려고 하는 곳의 위치를 한눈에 알 수 있다.

(1) [지방]

✎ _____

(2) [행정 구역]

✎ _____

보물 지도를 얻은 혜준이는 매우 기뻤어요. 등고선이 있는 곳에 보물 표시가 되어 있는 것을 보니 보물은 산에 있나 봐요.

지도에서 **방위**를 살펴보니 혜준이가 있는 곳에서 북쪽으로 걸어가면 나오는 산에 보물이 있었지요.

방 위

지 도

혜준이는 바닷가에서 놀다가 바위 틈에서 종이를 발견했어요. 그 종이는 보물이 있는 곳이 표시된 **지도**였어요.

기 호

혜준이는 지도에 나타난 논과 밭의 **기호**를 보고 길을 갔어요. 얼마쯤 가니 보물이 있다는 산이 보였어요.

축 척

혜준이는 산에서 보물을 찾을 수 없었어요. 지도에 나온 **축척**을 제대로 보지 않아 보물이 있는 산을 지나갔기 때문이에요.

축척에 따른 거리

실제 이동 거리

다음 글을 읽으며, 빈칸에 들어갈 낱말을 낱말밭에서 찾아 각각 써 보세요.

놀이공원처럼 넓은 곳이나 낯선 장소에서 우리가 길을 잃지 않게 도움을 주는 (1) ⌈ㅈ|ㄷ⌋ 은/는 위에서 내려다본 땅의 실제 모습을 줄여서 그린 그림이다. 지도에서 땅의 실제 모습을 줄인 정도를 (2) ⌈ㅊ|ㅊ⌋ (이)라고 하는데, 축척에 따라 지도의 자세한 정도가 달라진다.

지도를 볼 때는 먼저 동서남북의 (3) ⌈ㅂ|ㅇ⌋ 을/를 확인해야 한다. 방위표에는 동서남북의 방향이 나타나 있다. 만약 지도에 방위표가 없다면 지도 위쪽이 북쪽, 아래쪽이 남쪽이라고 보면 된다.

지도에서는 모든 정보를 약속된 (4) ⌈ㄱ|ㅎ⌋ 을/를 사용해서 나타낸다. 학교나 병원 같은 건물뿐 아니라, 논과 밭도 기호로 나타낸다.

지도를 통해 땅의 높낮이도 확인할 수 있다. 그럴 때 사용하는 것이 (5) ⌈ㄷ|ㄱ|ㅅ⌋ 와/과 색깔이다. 등고선의 간격이 넓을수록 경사가 완만하고, 좁을수록 경사가 급한 곳이다. 그리고 땅의 색깔이 진할수록 높은 곳이고, 옅을수록 낮은 곳이다.

낱말밭 사전

확인 ☑

* **지도** 위에서 내려다본 땅의 실제 모습을 일정한 형식으로 줄여서 나타낸 그림. ☐

* **등고선** 지도에서 높이가 같은 곳을 연결하여 땅의 높낮이를 나타낸 선. ☐

* **방위** 동서남북을 기준으로 정한 방향상의 위치. ☐

* **기호** 어떤 뜻을 나타내는 데 쓰는 여러 가지 표시. ☐

* **축척** 지도에서 실제 거리를 줄인 정도. ☐

01 다음 낱말의 뜻으로 알맞은 것을 보기에서 찾아 기호를 쓰세요.

> **보기**
> ㉠ 지도에서 실제 거리를 줄인 정도.
> ㉡ 어떤 뜻을 나타내는 데 쓰는 여러 가지 표시.
> ㉢ 지도에서 높이가 같은 곳을 연결하여 땅의 높낮이를 나타낸 선.

(1) 기호 (   )   (2) 축척 (   )   (3) 등고선 (   )

02 다음 문장에 어울리는 낱말을 찾아 ○표 하세요.

(1) 지도에서 (기호 , 등고선)의 간격이 넓을수록 경사가 완만하다.

(2) 지도에는 자연환경이나 건물을 의미하는 다양한 (기호 , 축척)들이 있다.

03 다음 밑줄 친 낱말을 바르게 사용하여 말한 친구의 이름을 쓰세요.

혜린: 지도에서 기호는 방위표를 이용해서 4방위나 8방위로 나타내지.

민서: 동서남북에 북동, 남동, 남서, 북서를 더한 것이 8방위야.

(   )

04 다음 ㉠과 ㉡에 들어갈 알맞은 낱말을 바르게 짝 지은 것은 무엇인가요?

(   )

> 김정호가 만든 「대동여지도」에는 방안표가 있다 이는 실제로는 10리에 해당하는 거리를 한 변으로 나타낸 눈금표로, 지도에 적용된 약 16만분의 1의 [㉠]을/를 표시한 것이다. 또 「대동여지도」는 [㉡]을/를 사용하여 행정 구역과 군사 시설 등을 표시했다.

① ㉠: 기호 - ㉡: 방위   ② ㉠: 방위 - ㉡: 축척   ③ ㉠: 축척 - ㉡: 기호

④ ㉠: 축척 - ㉡: 등고선   ⑤ ㉠: 기호 - ㉡: 등고선

05 다음 빈칸에 공통으로 들어갈 낱말로 알맞은 것은 무엇인가요? (   )

> ☐은/는 지도에서 같은 높이의 땅을 연결한 선으로 어느 쪽으로도 끊긴 곳이 없다. 이 ☐을/를 통해 땅의 경사도를 알 수 있는데, 간격이 촘촘할수록 경사가 급하고 간격이 넓을수록 완만함을 나타낸다.

① 지도   ② 방위   ③ 기호   ④ 축척   ⑤ 등고선

06 다음 밑줄 친 부분과 뜻이 비슷한 낱말을 찾아 쓰세요.

> 축척에 따라 지도에서 볼 수 있는 정보가 달라진다. 세계 지도를 보면 땅만 확인할 수 있고 세밀한 정보를 찾기 어렵다. 왜냐하면 지도에서 실제 거리를 줄인 정도가 굉장히 크기 때문이다. 이와 달리 목적지를 찾기 위한 지도 앱은 주변의 건물들이 자세히 나온다. 실제 거리를 줄인 정도가 작기 때문이다. 그러므로 목적에 따라 알맞은 축척의 지도를 봐야 한다.

(   )

2단계 활용 ~~~~~~~~~~~~~~~~~~~~

07 다음 보기와 같이 주어진 낱말을 넣어 짧은 문장을 만들어 쓰세요.

> **보기**
>
> 지도
>
> ✎ 지도를 보면서 목적지를 향해 걸었다.

지도

방위

✎ --

08 다음 두 낱말을 모두 넣어 짧은 문장을 만들어 쓰세요.

> 지도   등고선

✎ --

사회 주제 03 과거를 어떻게 만날 수 있을까?

옛날에는 우리 동네에서 누에를 키웠대요. 누에를 기르는 방을 '잠실'이라고 하는데, 여기에서 **지명**이 생겼어요.

지 명

오금동은 오동나무로 가야금을 만드는 사람들이 모여든 것에서 이름이 **유래**했다는 이야기가 있어요.

유 래

과 거

우리 동네는 높은 빌딩과 아름다운 호수가 있어요. 그런데 **과거**에는 현재와 다르게 강이 흐르던 곳이었대요.

국 가 유 산

우리 동네는 오래전에 백제의 수도이기도 했어요. 그래서 몽촌토성, 풍납토성 같은 백제 시대 **국가유산**이 많아요.

유 물

지금도 공사를 할 때 옛날 사람들이 사용했던 물건들이 나오는 것을 보면 아직도 발견되지 않은 **유물**이 많은 것 같아요.

다음 글을 읽으며, 빈칸에 들어갈 낱말을 낱말밭에서 찾아 각각 써 보세요.

한반도는 옛날부터 우리 조상들이 살아온 땅이며, 긴 역사가 있다. 우리는 옛사람들이 살았던 ⁽¹⁾[ㄱ|ㄱ]을/를 어떻게 알 수 있을까?

우선 각 도시나 마을의 이름을 통해 과거를 알 수 있다. 조선 시대 마포나루에서 ⁽²⁾[ㅇ|ㄹ]한 '마포'라는 ⁽³⁾[ㅈ|ㅁ]에서 이곳이 과거에 항구였음을 알 수 있다. 그리고 농사지을 때 사용한 농기구를 비롯해 칼이나 창 같은 무기, 밥그릇과 숟가락, 그림, 낚싯대와 등잔 등 조상들이 남긴 물건인 ⁽⁴⁾[ㅇ|ㅁ]을/를 통해서도 과거의 생활상을 알 수 있다.

특히 후손에게 전해 줄 만한 물건이나 문화는 ⁽⁵⁾[ㄱ|ㄱ|ㅇ|ㅅ](으)로 지정해 보호한다. 국가유산은 세 가지로 나뉘는데, 도자기나 불상 등 형태가 있는 것을 '문화유산'이라고 한다. 황새, 수달 같은 자연물은 '자연유산', 강릉 단오제처럼 일정한 형태가 없는 공연, 노래, 판소리 등은 '무형유산'이라 한다.

낱말밭 사전

확인 ☑

* **과거** 이미 지나간 때. ☐

* **지명** 나라, 도시, 마을, 산, 강 등의 이름. ☐

* **유래** 일이나 물건이 생겨남. 또는 생겨난 곳이나 때. ☐

* **국가유산** 사람이나 자연이 이루어 낸 것으로, 후손에게 전해 줄 만한 가치가 큰 물건이나 문화. ☐

* **유물** 옛사람들이 남긴 물건. ☐

01 다음 낱말의 뜻으로 알맞은 것을 보기 에서 찾아 쓰세요.

> **보기**
>
> 지명   과거   유물

(1) 이미 지나간 때. (   )

(2) 옛사람들이 남긴 물건. (   )

(3) 나라, 도시, 마을, 산, 강 등의 이름. (   )

02 다음 초성을 보고 빈칸에 들어갈 알맞은 낱말을 쓰세요.

(1) ㅈ ㅁ

✎ '장승배기'는 장승이 많아서 붙여진 (   )(이)다.

(2) ㅇ ㄹ

✎ 송편의 (   )은/는 삼국 시대 때로 거슬러 올라간다.

03 다음 중 '국가유산'을 바르게 사용한 문장을 찾아 ○표 하세요.

① 이 공원은 국가유산에 쓰레기 매립지였다. (   )

② 해외로 빠져나간 소중한 국가유산이 7만 6천여 점에 달한다. (   )

04 다음 ㉠과 ㉡에 들어갈 알맞은 낱말을 바르게 짝 지은 것은 무엇인가요?

(   )

> 부산의 '해운대'라는 [㉠]은/는 신라 학자 최치원과 관련이 있다. 당시 당나라에서 벼슬을 지낸 최치원은 신라로 돌아왔지만 낮은 신분 때문에 뜻을 펼치지 못했다. 이에 실망을 하여 고향으로 내려 가는 길에 우연히 지금의 해운대를 지나게 되었는데, 동백섬에 매료되어 절벽에 자신의 호 '해운'을 새겼다. 여기에서 '해운대'라는 [㉠]이/가 [㉡]되었다고 한다.

① ㉠: 과거 - ㉡: 지명   ② ㉠: 유물 - ㉡: 유래   ③ ㉠: 지명 - ㉡: 유래

④ ㉠: 지명 - ㉡: 유물   ⑤ ㉠: 유래 - ㉡: 국가유산

05 다음 빈칸에 들어갈 낱말을 보기에서 찾아 쓰세요.

> 보기
>
> 과거   유물

> ┌──ㄱ──┐ 에 살았던 조상들이 남긴 것 중 ┌──ㄴ──┐ 은/는 도자기, 옷, 책, 장
> 신구 등 조상들이 사용했던 작은 물건들이며, 유적은 건축물, 싸움터, 왕의 무
> 덤 등 주로 바깥에서 볼 수 있는 큰 구조물들이다. 예전에는 ┌──ㄴ──┐ 을/를 중
> 심으로 ┌──ㄱ──┐ 을/를 연구했지만 오늘날에는 이 두 가지를 모두 연구한다.

(1) ㉠ : (   )   (2) ㉡ : (   )

06 다음 빈칸에 공통으로 들어갈 낱말로 알맞은 것은 무엇인가요? (   )

> 바닷속에 잠자고 있던 ┌────┐ 을/를 발견한 대표적인 사례는 주꾸미가 낚
> 아 올린 고려 청자이다. 2007년 충남 태안에서 한 어민이 주꾸미 잡이를 나갔
> 다. 몇몇 주꾸미들은 다리 빨판에 청자 조각을 붙인 상태로 잡혔고, 그중 한
> 마리가 청자 대접을 끌어안고 있었다. 이것을 계기로 약 2만 5천 점의 유물을
> 실은 '태안선'이라는 ┌────┐ 을/를 발굴하게 되었다.

① 지역   ② 방위   ③ 지명   ④ 기호   ⑤ 국가유산

2단계   활용

07 다음 보기와 같이 주어진 낱말을 넣어 짧은 문장을 만들어 쓰세요.

> 보기
>
> 과거
>
> ✎ 앞으로 나가려면 과거를 딛고 미래를 보아야 한다.

(1) 지명

✎ _____

(2) 유물

✎ _____

사회 주제 04 다양한 가족의 모습을 알아볼까?

선우네 엄마, 아빠는 해외에서 선우를 **입양**했어요. 한식을 먹고 자란 선우는 지금도 반찬을 가리지 않고 잘 먹어요.

입 양

지안이네는 아빠가 **재혼**하셔서 우리 집보다 가족이 많아요. 지안이는 동생들이 많아져서 피곤하지만 재밌대요.

재 혼

가 족

우리 **가족**은 엄마와 아빠, 여동생까지 모두 네 명이에요. 식구들이 하루 종일 북적북적해서 조용할 날이 없어요.

조 손

전학 온 민재는 **조손** 가정이에요. 할아버지가 민재를 매일 데려다주시는데, 내가 인사할 때마다 환하게 웃어 주세요.

독 신

요즘에는 우리 이모처럼 **독신** 가정도 많아요. 이모는 결혼보다 좋아하는 여행을 즐기며 가는 것이 훨씬 행복하대요.

다음 글을 읽으며, 빈칸에 들어갈 낱말을 낱말밭에서 찾아 각각 써 보세요.

우리 모둠은 옛날과 오늘날 가족의 모습을 조사했습니다.

옛날에는 (1) ⌈ ㄱ ㅈ ⌉ 이 모여 모두 함께 살았습니다. 농사일에는 일손이 많이 필요했기 때문에 결혼한 자녀도 따로 살지 않고 부모님과 함께 살았습니다. 이런 가족을 '확대 가족'이라고 부릅니다. 농사를 많이 짓지 않는 오늘날에는 자녀들이 결혼한 후에 따로 떨어져 사는 '핵가족'이 많습니다.

요즘에는 다양한 모습을 가진 가족들이 많습니다. 할아버지, 할머니와 손자, 손녀만으로 가족을 이루어 사는 (2) ⌈ ㅈ ㅅ ⌉ 가정이 있습니다. 다문화 가정은 서로 다른 국적과 문화를 가진 사람들이 가족을 이루는 것입니다. (3) ⌈ ㅇ ㅇ ⌉ 가정은 자신이 낳지 않고, 입양을 통해 가족을 이룬 것입니다. 아빠나 엄마가 다시 결혼하여 재혼으로 두 가족이 한 가족이 되는 (4) ⌈ ㅈ ㅎ ⌉ 가정도 있습니다. 최근에는 결혼하지 않고 혼자 사는 (5) ⌈ ㄷ ㅅ ⌉ 가정도 많아지고 있습니다.

낱말밭 사전

확인 ✓

* **가족** 혼인한 부부나 부모 자식, 형제자매 관계인 사람들. ☐

* **입양** 법적인 절차를 거쳐 자신이 낳지 않은 사람을 자식으로 삼음. ☐

* **재혼** 결혼했던 사람이 다시 결혼함. ☐

* **조손** 할아버지, 할머니와 손자, 손녀를 이름. ☐

* **독신** 혼인하지 않고 혼자 사는 사람. ☐

01 다음 낱말의 뜻으로 알맞은 것을 (보기)에서 찾아 기호를 쓰세요.

> **보기**
> ㉠ 결혼했던 사람이 다시 결혼함.
> ㉡ 할아버지, 할머니와 손자, 손녀를 이름.
> ㉢ 법적인 절차를 거쳐 자신이 낳지 않은 사람을 자식으로 삼음.

(1) 입양 (   )   (2) 재혼 (   )   (3) 조손 (   )

02 다음 문장에 어울리는 낱말을 찾아 ○표 하세요.

(1) 고려 시대의 여성들은 이혼과 (조손 , 재혼)이 자유로웠다.

(2) 결혼에 대한 부담 때문에 혼자 사는 (독신 , 입양)이 늘고 있다.

03 다음 문장의 빈칸에 들어갈 낱말을 (보기)에 있는 글자 카드로 만들어 보세요.

> **보기**
> | 조 | 가 | 손 | 족 |

(1) 지유네는 할머니 할아버지와 사는 (   ) 가정이다.

(2) 사람들이 일자리를 찾아 도시로 이동하면서 (   )의 규모가 작아졌다.

04 다음 빈칸에 공통으로 들어갈 낱말로 알맞은 것은 무엇인가요? (   )

> 옛날에는 [   ] 구성원의 역할이 뚜렷이 구분되어 있었다. 할아버지는 [   ]의 중요한 일을 결정하였고, 아버지는 농사를 짓는 등 바깥일을 책임졌다. 어머니는 살림을 도맡았고, 할머니는 어머니를 도와주었다. 아들과 딸은 각각 아버지와 어머니의 일을 도왔다. 하지만 오늘날에는 [   ] 내에서 역할 구분이 점차 사라져 가고 있다.

① 가족   ② 입양   ③ 조손   ④ 재혼   ⑤ 독신

05 다음 ㉠과 ㉡에 들어갈 알맞은 낱말을 바르게 짝 지은 것은 무엇인가요?

(   )

> 우리나라에 혼자 사는 ⟨ ㉠ ⟩ 가정이 늘고 있다. 혼자 살지만 아이를 키우고 싶은 사람도 늘어나면서 점차 ⟨ . ㉡ ⟩에 관심이 커졌다. 2007년 이전에는 혼자 사는 사람이 ⟨ ㉡ ⟩하는 것은 법으로 금지되어 있었지만 법이 바뀌면서 혼자 사는 사람도 ⟨ ㉡ ⟩할 수 있게 되었다.

① ㉠: 재혼 - ㉡: 조손 ② ㉠: 조손 - ㉡: 재혼 ③ ㉠: 독신 - ㉡: 조손
④ ㉠: 독신 - ㉡: 입양 ⑤ ㉠: 재혼 - ㉡: 입양

06 다음 밑줄 친 부분과 뜻이 비슷한 낱말을 찾아 쓰세요.

> 부모의 이혼이나 재혼 등의 이유로 인해 <u>할아버지, 할머니와 손자, 손녀만으로 이루어진 가정</u>이 늘고 있다. 이런 조손 가정은 손주가 할아버지, 할머니와 함께 생활하며 지혜와 연륜을 배울 수 있는 장점이 있지만 조부모에게는 경제적인 어려움이나 양육에 대한 부담이 크다는 단점도 있다.

(   )

2단계 활용

07 다음 보기와 같이 주어진 낱말을 넣어 짧은 문장을 만들어 쓰세요.

> **보기**
> 가족
> ✎ 옛날에는 모든 가족이 함께 모여 사는 확대 가족이 많았다.

(1) 입양

✎ _____

(2) 재혼

✎ _____

01 다음 문장에 어울리는 낱말을 찾아 ○표 하세요.

(1) 지도에서 (축척 , 지역)을 보면 실제 거리를 알 수 있다.

(2) 우리나라 인구 2명 중 1명은 (수도권 , 국가유산)에 살고 있다.

(3) '나 홀로 가정', '1인 가정'과 같은 (유래 , 독신) 가정이 늘어나고 있다.

02 다음 문장의 빈칸에 들어갈 낱말을 보기에서 찾아 쓰세요.

> **보기**
>
> 지방   조손   등고선

(1) (   )은 지도에서 구불구불한 곡선으로 나타난다.

(2) 나는 유명한 관광지보다 낯선 (   )으로 여행가는 것을 좋아한다.

(3) (   ) 가정은 조부모와 손자, 손녀의 세대가 어우러지도록 힘써야 한다.

03 다음 밑줄 친 낱말을 바르게 사용하여 말한 친구의 이름을 쓰세요.

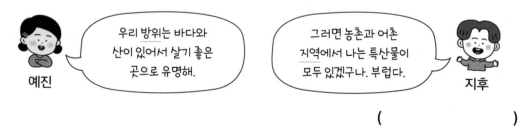

예진: 우리 방위는 바다와 산이 있어서 살기 좋은 곳으로 유명해.

지후: 그러면 농촌과 어촌 지역에서 나는 특산물이 모두 있겠구나. 부럽다.

(   )

04 다음 ㉠~㉢ 중 낱말의 쓰임이 알맞지 <u>않은</u> 것을 찾아 기호를 쓰세요.

2019년 12월, 6·25 전쟁 때 잃어버린 ㉠국가유산 '대군주보'가 돌아왔다. 이것은 임금이 사용하던 도장으로 은색의 거북 모양 손잡이가 달려 있다. 고종이 우리나라의 국제적 ㉡위치를 높이기 위해 만들었다고 하며, 같은 시기에 만들어진 국새 중 유일하게 전하는 ㉢지명이다.

▲ 국새 대군주보

(   )

정답 및 해설 18쪽

05 다음 빈칸에 공통으로 들어갈 낱말로 알맞은 것은 무엇인가요? (   )

> 루시 모드 몽고메리가 쓴 『빨강머리 앤』은 [   ] 가족의 이야기를 다루고 있다. 고아인 앤 셜리가 매슈와 마릴라 남매에게 [   ]되어 성장하는 과정을 보여 준다. 무뚝뚝한 매슈는 밝은 성격의 앤을 처음부터 마음에 들어 하고, 엄격하던 마릴라도 앤의 진심을 알게 되어 셋은 진정한 가족이 된다.

① 위치   ② 재혼   ③ 조손   ④ 독신   ⑤ 입양

06 다음 밑줄 친 부분과 뜻이 비슷한 낱말을 찾아 쓰세요.

> 껌이 생겨난 곳은 중앙아메리카로 원주민인 마야족이 씹던 치클에서 유래했다. 오늘날에는 치클이 아닌 '나프타'를 원료로 하여 다양한 향신료를 넣어서 껌을 만든다.

(   )

07 다음 ㉠과 ㉡에 들어갈 알맞은 낱말을 바르게 짝 지은 것은 무엇인가요?

(   )

> 지도에 있는 방위표처럼 자연물을 이용하여 [㉠]을/를 찾을 수 있다. 밤에 [㉡]이/가 거의 변하지 않는 북극성이 있는 쪽이 북쪽이다. 또, 나무의 나이테를 보고 [㉠]을/를 알 수도 있다. 나이테의 간격이 넓은 쪽은 남쪽, 간격이 좁은 쪽은 북쪽이다.

① ㉠: 축척 - ㉡: 지명   ② ㉠: 방위 - ㉡: 지명   ③ ㉠: 지역 - ㉡: 축척

④ ㉠: 과거 - ㉡: 기호   ⑤ ㉠: 방위 - ㉡: 위치

08 다음 빈칸에 들어갈 낱말로 알맞은 것은 무엇인가요? (   )

> 우리나라의 [   ]은 조선 시대의 것을 뿌리로 삼고 있다. 한반도를 흔히 '조선 팔도'라고 부르는데, 조선의 제3대 왕인 태종이 전국을 8개의 도로 나눈 것에서 유래된 말이다.

① 입양   ② 축척   ③ 유물   ④ 등고선   ⑤ 행정 구역

[09~11] 다음 글을 읽고, 물음에 답하세요.

세계를 담아낸 「혼일강리역대국도지도」

「혼일강리역대국도지도」는 우리나라에서 만들어진 가장 오래된 세계 지도이다.

지도의 원본은 전하지 않고 현재는 베껴 그린 그림들만 전하고 있다. 현재 전하는 복사본을 살펴보면, 전체적으로 육지와 바다는 각각 다른 색으로 색칠해 구분했다. 나라 이름이나 수도 이름 같은 ☐ ㉠ ☐은/는 한자로 표기했다. 도시와 수도는 원과 사각형의 빨간색 ☐ ㉡ ☐(으)로 나타냈다.

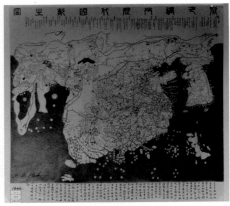

▲ 「혼일강리역대국도지도」

이 지도의 한가운데에는 중국이 거대하게 그려져 있고, 중국의 오른쪽에는 우리나라가 실제 크기보다 크게 그려져 있다. 우리나라의 아래쪽에는 일본이 실제보다 작게 그려져 있다. 지도의 왼쪽 부분에는 아프리카와 아라비아 반도 등이 그려져 있는데, 이 지역들의 ☐ ㉠ ☐도 자세히 쓰여 있다.

「혼일강리역대국도지도」는 ㉢이미 지나간 때에 만들어진 지도 중 매우 독창적이며 당시 동아시아의 세계관을 반영한 지도라고 평가받는다.

09 ㉠과 ㉡에 들어갈 알맞은 낱말을 **보기**에서 찾아 쓰세요.

> **보기**
>
> 지역   지명   축척   기호

(1) ㉠: (   ) (2) ㉡: (   )

10 ㉢과 바꾸어 쓸 수 있는 낱말은 무엇인가요? (   )

① 재혼   ② 과거   ③ 가족   ④ 유물   ⑤ 지역

11 다음은 이 글의 중심 내용입니다. 빈칸에 들어갈 알맞은 낱말은 무엇인가요?

(   )

> 「혼일강리역대국도지도」는 당시의 세계관을 반영한 ☐☐(이)라고 평가받는다.

① 방위   ② 지명   ③ 지방   ④ 지도   ⑤ 지역

🌸 디지털 속 한 문장

정답 및 해설 **18쪽**

다음을 보고, 위치라는 낱말을 넣어 자신의 초등학교가 있는 곳을 알려 주는 문장이나 글을 쓰세요.

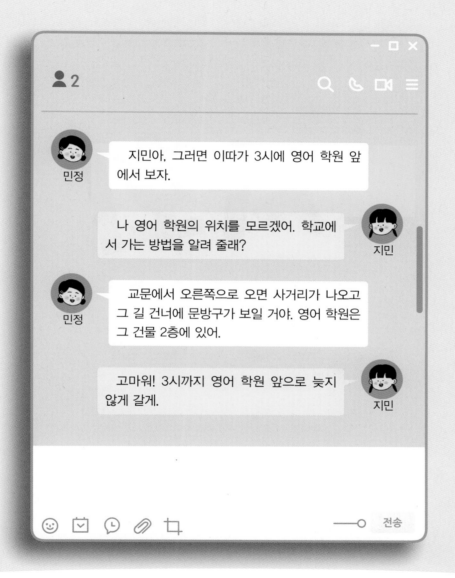

👤2 🔍 📞 🎥 ☰

민정: 지민아, 그러면 이따가 3시에 영어 학원 앞에서 보자.

지민: 나 영어 학원의 위치를 모르겠어. 학교에서 가는 방법을 알려 줄래?

민정: 교문에서 오른쪽으로 오면 사거리가 나오고 그 길 건너에 문방구가 보일 거야. 영어 학원은 그 건물 2층에 있어.

지민: 고마워! 3시까지 영어 학원 앞으로 늦지 않게 갈게.

전송

사회

05~08

주제별로 묶어 어휘를 의미적으로 연결하여 학습해 봐!

아빠가 어린 시절 자란 곳들은 **자연환경**이 아름다워서 주말에 여행 겸 한번 돌아보기로 했어요.

자 연 환 경

아빠와 차 타고 가는 길에 근처 **산지촌**에 들렀어요. 마침 점심때가 되어서 점심으로 더덕구이를 먹었어요.

산 지 촌

촌 락

아빠는 어린 시절 다양한 **촌락**에서 살았다고 했어요. 할아버지 직업이 군인이셔서 이사를 자주 다녔기 때문이에요.

어 촌

아빠가 초등학교 입학 전에 살았던 **어촌**에 갔어요. 그곳에서 고기잡이배와 그물을 손질하는 사람들을 볼 수 있어요.

농 촌

아빠가 초등학생일 때 살았던 **농촌**에 들렀어요. 벼가 가득한 들판을 보니 마음까지 시원해졌어요.

다음 글을 읽으며, 빈칸에 들어갈 낱말을 낱말밭에서 찾아 각각 써 보세요.

아주 먼 옛날, 사람들이 강 주변에 모여 살면서 (1)[ㅊ | ㄹ]이 생겨났다. 강 주변은 생활하거나 농사지을 때 필요한 물이 풍부하기 때문이다. 그러다가 점점 사는 곳이 넓어지면서 촌락은 농촌과 어촌, 산지촌으로 나뉘었다.

(2)[ㄴ | ㅊ]에 사는 사람들은 땅을 이용해서 살아간다. 넓은 논과 밭에서 우리가 주로 먹는 곡식이나 채소 등을 키운다.

(3)[ㅇ | ㅊ]에 사는 사람들은 대부분 바다를 이용해서 산다. 주로 바다에서 물고기를 잡고, 김이나 미역을 기른다. 농촌처럼 논과 밭에서 농사를 짓기도 한다.

(4)[ㅅ | ㅈ | ㅊ]에 사는 사람들은 산을 이용해서 살아간다. 산에서 나무를 베거나 가축을 키우거나, 약초나 버섯을 채취하며 생활한다.

이렇게 촌락에 사는 사람들은 주변의 (5)[ㅈ | ㅇ | ㅎ | ㄱ]과 밀접한 관계를 맺고 살아간다. 그래서 이들은 날씨의 영향을 많이 받는다.

낱말밭 사전

확인 ☑

* **촌락** 주로 시골에서 여러 집이 모여 사는 작은 마을. ☐

* **자연환경** 산, 강, 바다처럼 자연이 이룬 환경. ☐

* **산지촌** 목축이나 밭농사를 하는 사람들이 모여 사는 산지 마을. ☐

* **어촌** 고기잡이를 하는 사람들이 모여 사는 바닷가 마을. ☐

* **농촌** 농사짓는 사람들이 모여 사는 마을. ☐

01 다음 뜻을 가진 낱말을 보기에서 찾아 쓰세요.

> 보기
>
> 촌락   농촌   어촌

(1) 농사짓는 사람들이 모여 사는 마을. (   )

(2) 주로 시골에서 여러 집이 모여 사는 작은 마을. (   )

(3) 고기잡이를 하는 사람들이 모여 사는 바닷가 마을. (   )

02 다음 문장의 빈칸에 들어갈 낱말을 보기에서 찾아 쓰세요.

> 보기
>
> 농촌   자연환경

(1) 힘든 농사일이 싫어서 (   )을 떠나는 사람들이 많다.

(2) (   )에 따라 사람들이 사는 방식이나 문화가 다르다.

03 다음 문장 중 밑줄 친 낱말이 바르게 사용된 것을 찾아 ○표 하세요.

① 비가 그치고 나서 <u>산지촌</u> 사람들은 배를 타고 바다로 나갔다. (   )

② 연구원들은 사막에서 <u>자연환경</u>을 극복하고 식물 재배에 성공했다. (   )

04 다음 ㉠과 ㉡에 들어갈 알맞은 낱말을 바르게 짝 지은 것은 무엇인가요?

(   )

> 시온: 촌락에서는 무엇보다도 날씨가 중요한 것 같아.
>
> 규호: 농사를 짓는 [㉠]에서는 비가 적게 오면, 농작물이 죽을 수 있어.
>
> 시온: [㉡] 사람들은 태풍이 오면 높은 파도와 비바람 때문에 바다에 나
>   갈 수 없어.

① ㉠: 어촌 - ㉡: 농촌   ② ㉠: 농촌 - ㉡: 어촌

③ ㉠: 촌락 - ㉡: 산지촌   ④ ㉠: 자연환경 - ㉡: 농촌

⑤ ㉠: 자연환경 - ㉡: 산지촌

05 다음 빈칸에 공통으로 들어갈 낱말로 알맞은 것은 무엇인가요? (   )

> ⬚️에는 높은 산과 골짜기가 많아서 농사지을 수 있는 땅이 적다. 그래서 산비탈을 일구어 배추나 감자 등을 심거나, 목장에서 소나 양을 키우며 살아간다. 최근에는 ⬚️에서 하는 일이 더욱 다양해지고 있다. 사람들에게 휴식을 주는 캠핑장을 운영하고, 스키장 등 관광 자원을 개발하여 소득을 올리기도 한다.

① 농촌   ② 어촌   ③ 촌락   ④ 산지촌   ⑤ 자연환경

06 다음 밑줄 친 부분과 뜻이 반대되는 낱말을 찾아 쓰세요.

> 사람이 모여 사는 곳은 물이나 바다, 산 같은 자연환경뿐 아니라 교통 같은 사람이 만든 환경에 서로 영향을 받는다. 우리나라는 옛날부터 교통이 편리한 나루터를 중심으로 사람들이 모여 살았다. 나루터처럼 사람들이 오가며 붐비던 곳에 사람들이 살기 시작하면서 도시로 발전했다.

(   )

2단계   **활용**

07 다음 보기와 같이 주어진 낱말을 넣어 짧은 문장을 만들어 쓰세요.

보기

농촌

✎ 농사를 짓는 농촌에는 농업과 관련된 시설들이 많다.

자연환경

✎ --

08 다음 두 낱말을 모두 넣어 짧은 문장을 만들어 쓰세요.

| 어촌 | 산지촌 |

✎ --

지역 사회의 문제를 어떻게 해결할까?

주민 **자치** 위원회에서는 학생과 주민의 안전을 위해 인도와 차도 사이를 분리하는 시설을 설치하자고 제안했어요.

자 치

우리 학교 학생들도 분리대가 설치되길 바랐어요. 그래서 사람이 많이 오는 지역 축제 날 서명 운동을 할 계획이에요.

서 명

지 역 사 회

내가 사는 **지역 사회**는 인도와 차도가 구분되어 있지 않은 곳이 있어요. 그래서 학교에 갈 때는 가끔 차도로 걸어야 해요.

공 청 회

시민 단체에서는 **공청회**를 열어서 분리 대 설치에 대해 전문가와 시민들의 의견을 듣기로 했어요.

공 동 체

분리대 설치가 완료될 때까지 마을 공 **동체**에서 학생들이 학교를 안전하게 다닐 수 있게 도와주기로 했어요.

다음 글을 읽으며, 빈칸에 들어갈 낱말을 낱말밭에서 찾아 각각 써 보세요.

2018년 부산 교육청은 '대변초등학교'를 '용암초등학교'로 이름을 바꾸었다. 그동안 대변초등학교 학생들과 졸업생들은 주변에서 '똥학교'라는 놀림을 받아 왔다. 2017년 당시 5학년이던 하○○ 군은 전교 부회장 선거에 나섰고, '학교의 이름을 바꾸겠다.'라는 공약을 걸었다. 학생들의 뜨거운 응원을 받고 당선된 하○○ 군은 친구들과 함께 (1)[ㅈ][ㅇ] [ㅅ][ㅎ]에서 열리는 축제 행사장을 돌아다니며 학교 이름을 바꾸는 데 동의하는 사람들의 자필 (2)[ㅅ][ㅁ]을/를 받았다. 뜻을 함께하는 시민과 공무원 등 지역 (3)[ㄱ][ㄷ][ㅊ]도 힘을 보탰다. 학교도 학생, 졸업생 등으로 이루어진 (4)[ㅈ][ㅊ] 기구를 만들어 학교 이름에 관한 의견을 나누었다. 이후 전문가들까지 포함하여 수차례 (5)[ㄱ][ㅊ][ㅎ]을/를 열었고, 학교의 이름을 지역의 옛 이름을 따서 '용암'으로 정했다. 이렇게 대변초등학교는 1963년 학교가 문을 연 이래 끊임없는 논란의 대상이 되었던 이름을 바꾸게 되었다.

낱말밭 사전

확인 ☑

* **지역 사회** 한 지역에서 사람들이 함께 살아가는 곳. ☐

* **자치** 자기 일을 스스로 다스림. ☐

* **서명** 자기의 이름을 써넣음. ☐

* **공청회** 중요한 결정을 하기 전에 여러 사람의 의견을 들으려는 모임. ☐

* **공동체** 생활이나 활동 또는 목적 등을 같이하는 무리. ☐

01 다음 뜻을 가진 낱말을 보기 에서 찾아 쓰세요.

> **보기**
>
> 자치   공청회   공동체

(1) 자기 일을 스스로 다스림. (   )

(2) 생활이나 활동 또는 목적 등을 같이하는 무리. (   )

(3) 중요한 결정을 하기 전에 여러 사람의 의견을 들으려는 모임. (   )

02 다음 문장에 어울리는 낱말을 찾아 ○표 하세요.

(1) 고속 도로 건설에 대한 의견을 받고자 (공동체 , 공청회)가 열렸다.

(2) 학생들은 (자치 , 서명) 기구를 통해 민주주의를 배우고 경험할 수 있다.

03 다음 밑줄 친 낱말을 바르게 사용하여 말한 친구의 이름을 쓰세요.

채은: 가족은 인간이 태어나서 처음 만나는 공동체야.

도윤: 학생회는 학생의 대표적인 서명 활동이지.

(   )

04 다음 ㉠과 ㉡에 들어갈 알맞은 낱말을 바르게 짝 지은 것은 무엇인가요?

(   )

> 서준: 정안아, 너도 여기에 이름이랑 주소 좀 써 줘.
>
> 정안: 쓰레기 문제를 해결하기 위해 ㉠ 운동을 하고 있구나.
>
> 서준: 맞아. 우리가 살고 있는 ㉡ 에 쓰레기가 잘 치워지지 않는 문제를 해결하고 싶어.

① ㉠: 서명 - ㉡: 자치   ② ㉠: 자치 - ㉡: 공청회

③ ㉠: 자치 - ㉡: 공동체   ④ ㉠: 서명 - ㉡: 공청회

⑤ ㉠: 서명 - ㉡: 지역 사회

05 다음 빈칸에 공통으로 들어갈 낱말로 알맞은 것은 무엇인가요? (   )

> 지방 [   ]은/는 그 지방의 문제를 지역 주민이 뽑은 사람들과 지역 주민이 스스로 처리하는 제도이다. 우리나라에서는 1949년에 시작됐지만, 1960년대 이후 30여 년 동안 맥이 끊긴 채 사라졌었다. 이후 1991년 지방 의회 의원을 뽑는 선거를 실시하면서 지방 [   ] 제도는 다시 시작되었다.

① 서명   ② 자치   ③ 공동체   ④ 공청회   ⑤ 지역 사회

06 다음 밑줄 친 부분과 뜻이 비슷한 낱말을 찾아 쓰세요.

> 농사를 지을 때, 모내기나 김매기 철이 되면 매우 바빠서 많은 일손이 필요하다. 그래서 마을 사람들은 일을 같이하는 무리인 '두레'라는 공동체를 만들어 바쁠 때 서로 도왔다. 이와 비슷한 형태로 '두레'보다 규모가 작은 일에 행해졌던 '품앗이'도 있다.

(   )

2단계   **활용** ∼∼∼∼∼∼∼∼∼∼∼∼∼∼∼∼∼∼∼∼∼∼∼

07 다음 **보기**와 같이 주어진 낱말을 넣어 짧은 문장을 만들어 쓰세요.

> **보기**
> [지역 사회]
> ✎ 우리는 지역 사회에서 벌어지는 일에 관심을 가져야 한다.

[공청회]

✎ ---

08 다음 두 낱말을 모두 넣어 짧은 문장을 만들어 쓰세요.

> 서명   지역 사회

✎ ---

옛사람들의 풍습에는 무엇이 있을까?

연이 언니는 삼 년 전에 어른이 되는 여자의 **관례**인 계례를 치렀어요. 머리를 올려 쪽을 지고 비녀를 꽂았어요.

관 례

연이 언니의 **혼례** 날이 되었어요. 연이 언니와 신랑은 부끄러운지 볼이 발그레한 채로 마주 보고 절을 했어요.

혼 례

풍 습

함은 결혼 전 신부 집에 예물을 보내는 **풍습**이에요. 오늘은 집으로 연이 언니의 함이 들어오는 날이에요.

상 례

어머니는 곱게 한복을 입은 연이 언니를 보니 작년에 **상례**를 치른 할머니 생각이 난다고 하였어요.

제 례

나는 이제 연이 언니를 못 볼 줄 알고 슬펐는데, 할머니 **제례**를 위해 다음 달에 집으로 온다고 해서 다시 즐거워졌어요.

다음 글을 읽으며, 빈칸에 들어갈 낱말을 낱말밭에서 찾아 각각 써 보세요.

'관혼상제'는 사람이 태어나서 죽을 때까지 겪는 네 가지 의식을 말한다. 조선 시대에는 관혼상제를 가장 중요한 일로 여겨 백성들도 이를 따르게 하였다. 이러한 관혼상제를 통해 조선 시대의 (1)[ㅍ][ㅅ]을/를 잘 알 수 있다.

아이가 열다섯 살이 넘으면 어른이 된다는 의미로 남자는 상투를 틀고 갓을 쓰는 (2)[ㄱ][ㄹ]을/를, 여자는 쪽을 지고 비녀를 꽂는 계례를 치른다. 이는 오늘날의 성인식에 해당한다.

어른이 된 남녀는 (3)[ㅎ][ㄹ]을/를 통해 부부의 연을 맺는다. 신랑과 신부는 사람들 앞에서 맞절하고 술을 나누어 마시며 식을 치른다.

우리 조상들은 세상을 떠난 사람의 영혼이 하늘로 돌아간다고 생각했다. 그래서 슬픔을 나타내는 베옷을 입고 예를 갖추어 (4)[ㅅ][ㄹ]을/를 치렀다.

(5)[ㅈ][ㄹ]은/는 돌아가신 조상들을 잘 모시기 위해 후손들이 지내는 의식이다. 돌아가신 날이나 명절에는 제사상에 음식을 올리고 조상을 기억하며 그리워했다.

낱말밭 사전

확인 ☑

* **풍습** 옛날부터 한 사회에 이어져 내려오는 생활 습관이나 행동하는 방식. ☐

* **관례** 옛날에 남자가 어른이 되었다는 뜻으로 상투를 틀고 갓을 쓰던 의식. ☐

* **혼례** 남자와 여자가 여러 사람 앞에서 부부가 되겠다고 치르는 예식. ☐

* **상례** 식구나 가까운 친척이 죽었을 때 지키는 모든 예절. ☐

* **제례** 제사를 지내는 예절. ☐

01 다음 낱말의 뜻으로 알맞은 것을 **보기**에서 찾아 기호를 쓰세요.

> **보기**
> ㉠ 식구나 가까운 친척이 죽었을 때 지키는 모든 예절.
> ㉡ 남자와 여자가 여러 사람 앞에서 부부가 되겠다고 치르는 예식.
> ㉢ 옛날에 남자가 어른이 되었다는 뜻으로 상투를 틀고 갓을 쓰던 의식.

(1) 관례 (   )　　　(2) 혼례 (   )　　　(3) 상례 (   )

02 다음 문장의 빈칸에 들어갈 낱말을 **보기**에서 찾아 쓰세요.

> **보기**
> 　　　　　　상례　　　　제례

(1) 조상님을 기리기 위해 매년 (   )를 지낸다.

(2) 옛날에는 부모님이 돌아가시면 5일 또는 7일 동안 (   )를 치렀다.

03 다음 문장 중 밑줄 친 낱말이 바르게 사용된 것을 찾아 ○표 하세요.

① 미국은 추수 감사절에 칠면조 요리를 먹는 <u>풍습</u>이 있다. (   )

② 옛날에 <u>혼례</u>를 치를 때는 삼베로 지은 옷과 짚신을 신었다. (   )

04 다음 ㉠과 ㉡에 들어갈 알맞은 낱말을 바르게 짝 지은 것은 무엇인가요?

(   )

> 　　우리나라와 베트남의 전통 [㉠]은/는 비슷한 점들이 있다. 우선 우리가 한복을 입었듯이 베트남 사람들도 '아오자이'라는 전통 옷을 입고 결혼한다. 그리고 동네 사람들이 모여 함께 음식 준비를 하고 잔치를 벌인다. 다른 점은 우리나라는 신부 집에서 결혼식을 한 번만 올리지만, 베트남에서는 신랑과 신부의 고향에서 각각 결혼식을 올리는 [㉡]이/가 있다.

① ㉠: 관례 - ㉡: 상례　　② ㉠: 제례 - ㉡: 관례　　③ ㉠: 혼례 - ㉡: 풍습

④ ㉠: 풍습 - ㉡: 제례　　⑤ ㉠: 상례 - ㉡: 풍습

05 다음 빈칸에 들어갈 알맞은 낱말을 보기에서 찾아 쓰세요.

> 보기
>
> 제례　　　　상례

> 　옛날에는 부모님이 돌아가시면 　㉠　를 치른 후, 자식은 그 무덤 옆에 작은 초막을 지어서 삼 년 동안 무덤을 지켰는데, 이를 '시묘'라고 한다. 율곡은 부모님의 시묘를 모두 마치고 벼슬길에 나간 것으로 유명하다. 율곡이 태어난 강릉에서는 율곡을 기리는 　㉡　를 지내는데 이를 '율곡제'라 한다.

(1) ㉠: (　　　　　　　　) 　(2) ㉡: (　　　　　　　　)

06 다음 밑줄 친 부분과 뜻이 비슷한 낱말은 무엇인가요? (　　　　　)

> 　음력 5월 5일인 단옷날에는 옛날부터 이어져 내려오는 습관으로 여자들은 창포물에 머리를 감았고 남자들은 씨름을 했다. 또, 단오에는 더위가 시작되므로 여름을 건강하게 보내라는 뜻에서 부채를 선물하는 풍습도 있었다.

① 풍습　　　　② 관례　　　　③ 혼례　　　　④ 제례　　　　⑤ 상례

2단계　　**활용**　～～～～～～～～～～～～～～～～～～～～～～

07 다음 보기와 같이 주어진 낱말을 넣어 짧은 문장을 만들어 쓰세요.

> 보기
>
> 풍습
>
> ✎ 크리스마스에 선물을 주고받는 것은 서양의 풍습에서 유래했다.

관례

✎ --

08 다음 두 낱말을 모두 넣어 짧은 문장을 만들어 쓰세요.

> 풍습　　　　제례

✎ --

은행은 어떤 일을 할까?

민지는 세뱃돈 받은 것을 모아 **예금**을 하기로 했어요. 책상 속에 모으는 것보다 돈을 안전하게 보관할 수 있어요.

예 금

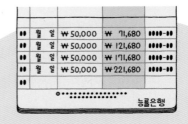

민지는 차례를 기다리면서 **적금** 상품을 봤어요. 일정한 돈을 매달 꼬박꼬박 넣을 자신이 없어서 적금은 포기했어요.

적 금

은 행

민지는 학교가 끝나고 **은행** 앞에서 엄마와 만나기로 했어요. 민지와 엄마는 각각 은행에서 해야 할 중요한 일이 있어요.

대 출

엄마는 다음 달에 이사 가는 것 때문에 은행에 왔어요. 이사 가는 데 돈이 조금 부족해서 **대출**을 받아야 해요.

이 자

민지는 나중에 받을 **이자** 생각에 웃음이 났지만, 엄마는 돈을 갚을 때 내야 할 이자 때문에 한숨이 나왔어요.

다음 글을 읽으며, 빈칸에 들어갈 낱말을 낱말밭에서 찾아 각각 써 보세요.

우리는 보통 돈을 저금하거나 저금한 돈을 찾을 때 (1)[ㅇ ㅎ]에 간다. 은행은 이러한 일뿐만 아니라 돈과 관련된 다양한 업무를 처리한다. 그렇다면 은행에서 어떤 일을 하는지 알아보자.

은행에서 가장 많이 하는 일은 바로 저축과 관련된 업무이다. 저축은 크게 두 가지로 나눌 수 있다. (2)[ㅇ ㄱ]은/는 사람들이 은행에 돈을 맡겨 두는 것이고, (3)[ㅈ ㄱ]은/는 매번 일정한 돈을 은행에 맡기고 정해진 기간이 지난 후에 찾는 것이다. 이렇게 돈을 맡겨 두었다 찾으면 은행으로부터 (4)[ㅇ ㅈ]을/를 함께 받는다. 은행이 이자를 줄 수 있는 이유는 은행 역시 돈이 필요한 기업이나 사람들에게 (5)[ㄷ ㅊ]을/를 해 주고 그 대가로 이자를 받기 때문이다.

이외에도 은행은 외국 돈을 우리나라 돈으로 바꾸거나 우리나라 돈을 외국 돈으로 바꾸어 주는 외환 업무를 한다. 또 각종 세금이나 공과금을 받아 주고, 금고에 중요한 물건을 대신 보관해 주는 일도 한다.

낱말밭 사전

확인 ☑

* **은행** 저금을 맡아 주거나 돈을 빌려주는 기관. ☐

* **예금** 은행에 돈을 맡기는 일이나 맡긴 돈. ☐

* **적금** 일정 금액을 일정 기간 동안 낸 후 찾는 저금. ☐

* **대출** 돈이나 물건 등을 빌려주거나 빌림. ☐

* **이자** 돈을 빌려 쓴 대가로 치르는 일정한 비율의 돈. ☐

01 다음 뜻을 가진 낱말을 보기에서 찾아 쓰세요.

보기
　　　　　　　　　예금　　　　대출　　　　은행

(1) 돈이나 물건 등을 빌려주거나 빌림. (　　　　　)

(2) 은행에 돈을 맡기는 일이나 맡긴 돈. (　　　　　)

(3) 저금을 맡아 주거나 돈을 빌려주는 기관. (　　　　　)

02 다음 문장의 빈칸에 들어갈 알맞은 낱말을 찾아 선으로 이으세요.

(1) 지난 일 년간 넣은 적금에 꽤 많은 [　　　]이/　　　　　　　　　　　　・　　　・ ㉠ 예금
가 붙었다.

(2) 엄마는 돈이 급히 필요하자 은행에서 [　　　]　　　　　　　　　・　　　・ ㉡ 이자
일부를 찾아왔다.

03 다음 초성을 보고 빈칸에 들어갈 알맞은 낱말을 쓰세요.

(1) ㄷ ㅊ

✎ 아빠는 가게를 내려고 은행에서 (　　　　　)을/를 받으셨다.

(2) ㅈ ㄱ

✎ 매달 용돈의 일부를 모을 수 있게 어린이용 (　　　　　) 상품이 나왔다.

04 다음 ㉠과 ㉡에 들어갈 알맞은 낱말을 바르게 짝 지은 것은 무엇인가요?

(　　　　　)

민지: 난 언제든 돈을 맡기고 찾을 수 있는 보통 예금을 들었어. 그래서 매달
일정한 돈을 정해진 기간 동안 넣은 후에 찾을 수 있는 [㉠]을/를 하나
더 들 거야.
한율: 그렇구나. 난 그동안 모은 돈을 한꺼번에 맡기고 높은 [㉡]을/를 받
을 수 있는 정기 예금을 들 거야.

① ㉠: 예금 - ㉡: 대출　　② ㉠: 대출 - ㉡: 은행　　③ ㉠: 적금 - ㉡: 이자

④ ㉠: 적금 - ㉡: 대출　　⑤ ㉠: 은행 - ㉡: 이자

05 다음 빈칸에 들어갈 낱말로 알맞은 것은 무엇인가요? (   )

> 방글라데시에는 가난한 사람들에게만 [   ]해 주는 은행이 있다. 바로 1983년 세워진 그라민 은행이다. 실제로 이 은행을 이용한 사람 중 60%는 이 돈을 발판으로 가난에서 벗어났다고 한다. 또한 대출의 90% 이상이 여성에게 제공되어 여성의 역할 강화에도 기여를 했다.

① 예금   ② 적금   ③ 이자   ④ 은행   ⑤ 대출

06 다음 ㉠~㉢ 중 낱말의 쓰임이 알맞지 <u>않은</u> 것을 찾아 기호를 쓰세요.

> 우리가 맡긴 돈으로 ㉠<u>은행</u>은 어떤 일을 할까? 은행은 사람들에게 돈을 빌려주고 일정한 ㉡<u>이자</u>를 받는다. 이것을 바탕으로 은행도 돈을 맡긴 사람들에게 이자를 주고 나머지는 은행이 갖는다. 그래서 저금통에 돈을 모아 두는 것보다 은행에 ㉢<u>대출</u>하면 이자가 붙어서 더 많은 돈을 얻을 수 있다.

(   )

2단계 활용

07 다음 보기와 같이 주어진 낱말을 넣어 짧은 문장을 만들어 쓰세요.

> **보기**
>
> 은행
>
> ✎ 오늘날 <u>은행</u>은 돈을 보관하는 일만 하지 않는다.

예금

✎ _____

08 다음 두 낱말을 모두 넣어 짧은 문장을 만들어 쓰세요.

> 이자   대출

✎ _____

01 다음 문장의 빈칸에 들어갈 낱말을 **보기**에서 찾아 쓰세요.

> **보기**
>
> 이자   혼례   서명

(1) (   )은/는 은행이나 예금 기간에 따라 다르다.

(2) 한복을 입고 전통 (   )을/를 체험하는 외국인이 점점 늘고 있다.

(3) 도서관 설립을 위해 우리 마을 사람들은 열심히 (   ) 운동을 하고 있다.

02 다음 문장에 어울리는 낱말을 찾아 ○표 하세요.

(1) 오늘날의 성년식을 과거에는 (상례 , 관례)라고 했다.

(2) 물을 구하기 쉬운 강 주변에 주로 (촌락 , 은행)이 형성되었다.

(3) 여행 자금 마련을 위한 3개월 (적금 , 농촌)이 학생들 사이에서 유행하고 있다.

03 다음 밑줄 친 낱말을 바르게 사용하여 말한 친구의 이름을 쓰세요.

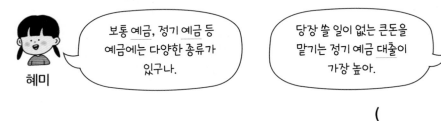

혜미: 보통 예금, 정기 예금 등 예금에는 다양한 종류가 있구나.

유준: 당장 쓸 일이 없는 큰돈을 맡기는 정기 예금 대출이 가장 높아.

(   )

04 다음 ㉠과 ㉡에 들어갈 알맞은 낱말을 바르게 짝 지은 것은 무엇인가요?

(   )

> 멕시코에는 우리나라 ㉠ 처럼 죽은 사람을 기리는 ㉡ 이/가 있다. 설탕 해골로 장식한 무덤 앞에서 죽은 이를 기린 후, 해골 분장을 하고 노래한다. 죽은 가족과 만나는 기쁨을 이렇게 표현하는 것이다.

① ㉠: 상례 - ㉡: 서명   ② ㉠: 관례 - ㉡: 자치   ③ ㉠: 제례 - ㉡: 풍습

④ ㉠: 제례 - ㉡: 공동체   ⑤ ㉠: 상례 - ㉡: 공동체

05 다음 글을 읽고, 빈칸에 알맞은 낱말을 쓰세요.

> 어촌에 사는 사람들은 바다에서 물고기를 잡거나 전복, 김 등을 키우며 경제생활을 한다. 따라서 삶의 터전이 바다인 어촌 사람들은 날씨의 영향을 많이 받을 수밖에 없다. 태풍이 오면 배를 타고 바다로 나갈 수 없기 때문이다.

→ ☐☐ 생활과 날씨

06 다음 빈칸에 공통으로 들어갈 낱말은 무엇인가요? (   )

> 지아: 새로운 교육 제도를 만들기 위해 온라인 ☐☐☐☐☐이/가 열린대.
> 민재: 인터넷 누리집에서 열리는 ☐☐☐☐☐(이)니 나도 참여할 거야.

① 서명   ② 관례   ③ 촌락   ④ 풍습   ⑤ 공청회

07 다음 ㉠~㉢ 중 낱말의 쓰임이 알맞지 **않은** 것을 찾아 기호를 쓰세요.

> 돈이 없는 사람들에게 벌금을 빌려주는 장발장 ㉠은행이 있다. 은행은 벌금을 요청한 사람이 얼마나 절실한지를 보고 ㉡예금해 준다. 돈을 빌린 사람은 ㉢이자 없이 원래의 돈만 갚으면 된다.

(   )

08 다음 빈칸에 들어갈 낱말로 알맞은 것은 무엇인가요? (   )

> 강원도 원주의 상인들로 구성된 주민 ☐☐☐ 단체에서 '공유 우산 프로젝트'를 시작했다. 갑자기 비가 올 때 우산이 필요한 사람들에게 우산을 빌려주는 것이다. 처음에는 인근 상인들이 중심이 되어 우산을 기부했지만, 이제는 원주 시민들도 우산 기부에 동참하고 있다.

① 서명   ② 이자   ③ 자치   ④ 혼례   ⑤ 촌락

[09~11] 다음 글을 읽고, 물음에 답하세요.

우리 민족의 서로 돕는 풍습, 계와 부조

우리 조상들은 농사를 짓거나 큰일이 생겼을 때 서로 도움을 주고받았다. 자식이 커서 혼례를 치르거나 부모님이 세상을 떠나 ㉮ 을/를 치르면 마음 맞는 사람들끼리 돈이나 곡식을 모아 도와주었다. 이렇게 경제적으로 서로 돕기 위해 만든 ㉯ 을/를 '계'라고 한다. 계는 주로 같은 ㉠촌락에 사는 사람끼리의 모임이었지만 친척이나 비슷한 일을 하는 사람들 사이에 서로 함께 하기도 했다.

이웃이나 친척끼리 잔칫집이나 초상집에 돈이나 물건을 보내 도와주는 일은 '부조'라고 한다. 옛날에는 돈 대신 쌀이나 옷감으로 부조를 했다. 또 직접 가서 일손을 거들어 주기도 했다. 이웃집에 ㉡혼례가 있으면 사람들은 함께 모여 혼례복이나 이부자리를 바느질하고 잔치 음식을 만들었다. 초상집에서도 ㉢상례가 치러지는 사흘 동안 함께 음식을 만들고 손님을 대접했다.

이런 계와 부조의 풍습은 오늘날에도 이어져 오고 있다. 외환 위기 때의 '금 모으기 운동'과 태안 기름 유출 사고 때의 자원봉사 활동이 바로 그 예이다.

09 ㉮와 ㉯에 들어갈 알맞은 낱말을 **보기**에서 찾아 쓰세요.

> **보기**
>
> 상례   관례   어촌   공동체

(1) ㉮: (   ) (2) ㉯: (   )

10 빈칸에 공통으로 들어갈 낱말의 기호를 ㉠~㉢에서 찾아 쓰세요. (   )

> • 인구를 늘리기 위해 여러 ⬚⬚에서는 주민들에게 다양한 지원을 한다.
> • 최근에 건강 문제로 도시를 떠나 ⬚⬚(으)로 가는 사람들이 늘고 있다.

11 다음은 이 글의 중심 내용입니다. 빈칸에 들어갈 알맞은 낱말은 무엇인가요?

(   )

> 계와 부조처럼 서로 도와주는 우리의 ⬚⬚은 계속 이어져 오고 있다.

① 적금   ② 서명   ③ 풍습   ④ 대출   ⑤ 촌락

디지털 속 한 문장

정답 및 해설 **23**쪽

다음을 보고, 혼례라는 낱말을 넣어 ㉠에 들어갈 답글을 문장이나 글로 쓰세요.

◇ **제목: 민속촌 다녀왔어요.**

• 글쓴이 기영우   • 등록일 20XX.00.00   • 조회수 27

   토요일에는 민속촌에 가족. 소풍을 다녀왔다. 볼거리가 많았지만 가장 재미있었던 것은 전통 혼례였다. 신랑. 신부가 멋진 한복을 입은 것이 인상적이었다. 그리고 여러 가지 풍습을 직접 체험해 볼 수 있었다. 갓을 쓰고 도포를 입고 직접 절을 해 보니 우리 문화에 대한 자부심도 생겼다. 전통 문화를 체험하는 행사가 있으면 또 가야겠다.

좋아요 👍

답글

> 김정우 네가 쓴 체험 이야기를 보니 나도 해 보고 싶어!

> 이지윤 우아! 나중에 어른이 되면 나도 전통 혼례로 결혼해야지.

㉠   입력

목록 인쇄   답변 수정 삭제 글쓰기

과학

01~04

주제별로 묶어 어휘를 의미적으로 연결하여 학습해 봐!

자석 가까이에 **철**로 된 물건을 가져가면 철썩 달라붙어요. 그래서 옛사람들은 자석을 '사랑의 돌'이라고 불렀대요.

철

옛날에는 **자기력**에 대해 잘 알지 못했어요. 그래서 자석이 철을 끌어당기는 힘을 마술이라고 생각했지요.

자 기 력

자 석

중국 사람들은 세계에서 처음으로 쇠붙이를 끌어당기는 힘이 있는 **자석**을 발견했어요.

극

중국 제나라의 관중은 자석이 철을 끌어당기는 성질과 자석의 **극**이 남쪽과 북쪽을 가리킨다는 사실을 알아냈어요.

나 침 반

자석의 성질을 이용해 발명한 **나침반**은 종이, 화약, 인쇄술과 함께 중국의 4대 발명품이에요.

다음 글을 읽으며, 빈칸에 들어갈 낱말을 낱말밭에서 찾아 각각 써 보세요.

(1) ㅈ ㅅ 은 우리 생활 곳곳에 쓰이고 있다. 음식을 보관하는 냉장고 문과 냉장고 문에 붙여 놓은 병따개에도 자석이 있다. 자석이 달린 드라이버는 철로 된 나사를 고정하여 편리하게 나사를 조일 수 있다. 이 물건들은 자석이 (2) ㅊ (으)로 된 물체를 끌어당기는 (3) ㅈ ㄱ ㄹ 을 이용한 것이다.

자석 주변에 철로 된 클립을 두면 가장 많이 붙는 부분이 있는데, 이를 통해 자석에서 가장 힘이 센 곳을 알 수 있다. 자석 양 끝에 클립이 가장 많이 붙는데, 이 부분이 자석에서 당기는 힘이 가장 센 (4) ㄱ 이다.

자석이 철을 끌어당기는 힘만 가진 것은 아니다. 자석끼리 같은 극은 밀어 내고 다른 극은 당기는 힘도 있다. 이 힘을 이용해서 만든 것이 바로 (5) ㄴ ㅊ ㅂ 이다. 지구 속 거대한 자석은 북쪽이 S극이어서 나침반 바늘의 N극을 끌어당긴다. 그래서 나침반 바늘의 N극은 항상 북쪽을 가리킨다.

낱말밭 사전

확인 ☑

* **자석** 쇠붙이를 끌어당기는 힘이 있는 물체. ☐

* **철** 습기가 있는 곳에서는 녹이 스는 성질이 있는 은백색의 쇠붙이. ☐

* **자기력** 자석이 쇠붙이를 끌어당기거나, 자석끼리 서로 밀어 내고 당기는 힘. ☐

* **극** 자석에서 힘이 가장 센 양 끝인 북극과 남극. ☐

* **나침반** 자석으로 만든 바늘로 방향을 알아내는 도구. ☐

01 다음 낱말의 뜻으로 알맞은 것을 보기에서 찾아 기호를 쓰세요.

> **보기**
> ㉠ 자석에서 힘이 가장 센 양 끝인 북극과 남극.
> ㉡ 자석으로 만든 바늘로 방향을 알아내는 도구.
> ㉢ 습기가 있는 곳에서는 녹이 스는 성질이 있는 은백색의 쇠붙이.

(1) 철 (　　　　) 　　　(2) 극 (　　　　) 　　　(3) 나침반 (　　　　)

02 다음 문장의 빈칸에 들어갈 낱말을 보기에서 찾아 쓰세요.

> **보기**
> 　　　　자석　　　　　나침반

(1) 항해사는 (　　　　)으로 방위를 살피면서 항로를 찾았다.

(2) 나는 바닥에 떨어진 압정을 찾으려고 (　　　　)을 이용했다.

03 다음 문장에 어울리는 낱말을 찾아 ○표 하세요.

(1) 나침반이나 스마트폰 거치대는 (자기력 , 극)을 이용한 물체이다.

(2) 국자, 냄비, 숟가락 등 주방 도구 대부분은 (철 , 자석)(으)로 만들어졌다.

04 다음 ㉠과 ㉡에 들어갈 알맞은 낱말을 바르게 짝 지은 것은 무엇인가요?

(　　　　)

> 　선로 위를 달리지 않고 공중에 떠서 달리는 기차가 있다. 바로 자기 부상 열차이다. 이것은 두 개의 자석이 서로 같은 　㉠　을 밀어 내는 　㉡　을 이용하여 만들어졌다. 자기 부상 열차는 다른 기차와 달리 소음이 거의 없고 조용하다는 장점이 있다.

① ㉠: 철 - ㉡: 자기력　　② ㉠: 철 - ㉡: 나침반　　③ ㉠: 극 - ㉡: 나침반

④ ㉠: 극 - ㉡: 자기력　　⑤ ㉠: 자석 - ㉡: 자기력

05 다음 빈칸에 공통으로 들어갈 낱말로 알맞은 것은 무엇인가요? (   )

나침반 없이도 [   ]만 있다면 방향을 찾을 수 있다. 가벼운 접시 한가운데에 [   ]을 놓고 물이 담긴 큰 수조에 띄운다. 접시의 움직임이 멈추었을 때 N극이 가리키는 쪽이 바로 북쪽이다. 이것은 [   ]이 물 위에 떠 있거나 공중에 매달렸을 때 N극은 북쪽, S극은 남쪽을 가리키는 성질을 이용한 것이다.

① 철   ② 극   ③ 자석   ④ 자기력   ⑤ 나침반

06 다음 밑줄 친 낱말과 뜻이 비슷한 낱말을 찾아 쓰세요.

화이트보드 같은 철로 된 판에 종이를 놓고 자석을 붙이면 잘 붙는다. 하지만 종이가 많아지면 자석이 잘 붙지 않는다. 자석은 쇠붙이와의 거리가 멀어지면 힘이 약해지기 때문이다. 여러 장의 종이 아래 철로 된 클립을 놓고 자석으로 움직여 본다. 클립이 움직이지 않을 때까지 끼운 종이의 수가 많을수록 힘이 강한 자석임을 알 수 있다.

(   )

2단계　　**활용**

07 다음 보기와 같이 주어진 낱말을 넣어 짧은 문장을 만들어 쓰세요.

보기

자석

✎ 한 물체에서도 자석에 붙는 부분과 붙지 않는 부분이 모두 있을 수 있다.

자기력

✎ --

08 다음 두 낱말을 모두 넣어 짧은 문장을 만들어 쓰세요.

극　　　　자석

✎ --

무게를 재는 방법은 무엇이 있을까?

조조가 신하들에게 코끼리의 무게를 물었지만 아무도 알지 못했어요. 한 신하가 큰 **저울**로 무게를 재자고 말했어요.

저 울

커다란 저울도 코끼리처럼 큰 물체를 버티지 못했어요. 그때 조조의 아들 조충이 배를 이용하는 방법을 생각해 냈어요.

물 체

무 게

중국 오나라의 손권이 조조에게 코끼리를 선물했어요. 조조는 문득 선물받은 코끼리의 **무게**가 궁금해졌어요.

수 평

배에 코끼리를 태우자 처음에는 흔들렸지만 곧 **수평**을 이뤘어요. 조충은 배가 물에 잠겼던 곳을 표시했어요.

측 정

조충은 배에 표시한 곳까지 가라앉도록 돌을 채웠어요. 그리고 돌들의 무게를 모두 더해 코끼리의 무게를 **측정**했어요.

1단계 확인과 적용

01 다음 뜻을 가진 낱말을 보기 에서 찾아 쓰세요.

보기

무게   물체   측정

(1) 물건의 무거운 정도. (   )

(2) 기계나 장치로 길이, 무게 등을 잼. (   )

(3) 구체적인 모양이 있으며 공간을 차지하는 것. (   )

02 다음 문장에 어울리는 낱말을 찾아 ○표 하세요.

(1) 과학자들은 드론으로 빙하가 녹는 속도를 (측정 , 수평)하고 있다.

(2) 엄마가 산 사과 한 봉지 무게를 (수평 , 저울)(으)로 재어 보니 1 kg이었다.

03 다음 밑줄 친 낱말을 바르게 사용하여 말한 친구의 이름을 쓰세요.

요리할 때는 재료의 무게를 정확하게 수평해야 하는 것이 필요해.

이나

체중계는 몸무게를 잴 때 사용하는 저울이야.

도준

(   )

04 다음 ㉠과 ㉡에 들어갈 알맞은 낱말을 바르게 짝 지은 것은 무엇인가요?

(   )

친구와 시소를 타면 ┌ ㉠ ┐ 차이 때문에 한쪽으로 기울어진다. 시소가 ┌ ㉡ ┐ 이/가 되려면 어떻게 해야 할까? 아래로 내려간 무거운 친구가 시소의 중심으로 조금씩 이동하면 위로 올라간 친구는 천천히 아래로 내려온다. 그러면서 시소는 ┌ ㉡ ┐을/를 이루게 된다.

① ㉠: 저울 - ㉡: 물체   ② ㉠: 수평 - ㉡: 저울   ③ ㉠: 물체 - ㉡: 측정

④ ㉠: 무게 - ㉡: 수평   ⑤ ㉠: 수평 - ㉡: 측정

05 다음 빈칸에 공통으로 들어갈 낱말로 알맞은 것은 무엇인가요? ( )

> 사람이나 동물은 태어난 날을 알면 나이를 알 수 있다. 그렇다면 태어난 날을 알 수 없는 나무의 나이는 어떻게 [   ]할까? 잘린 나무줄기의 단면을 보면 동그라미 모양이 여러 개 있는 것을 찾을 수 있다. 이것이 바로 나이테이다. 우리나라에서는 사계절이 분명하기에 일 년에 하나씩 나이테가 생긴다. 따라서 나무의 나이는 나이테의 수를 통해 [   ]할 수 있다.

① 무게   ② 측정   ③ 수평   ④ 저울   ⑤ 물체

06 다음 밑줄 친 부분과 뜻이 비슷한 낱말을 찾아 쓰세요.

> 비행기의 안전한 비행을 위해 화물의 무게는 물론 연료의 <u>무거운 정도</u>도 관리의 대상이 된다. 비행기가 너무 무거우면 착륙할 때 위험할 수 있기 때문이다. 그래서 비행기는 착륙 전에 연료의 무게를 점검하여 위험이 감지되면 하늘을 돌면서 연료를 써 버린 후 안전한 무게가 되면 착륙한다.

( )

2단계　　　**활용** 〰〰〰〰〰〰〰〰〰〰〰〰〰〰〰

07 다음 **보기**와 같이 주어진 낱말을 넣어 짧은 문장을 만들어 쓰세요.

> **보기**
>
> 측정
> ✎ 세종 대왕 때 측우기를 만들어 빗물의 양을 측정하였다.

저울

✎ --

08 다음 두 낱말을 모두 넣어 짧은 문장을 만들어 쓰세요.

> 수평　　　무게

✎ --

땅속에 있는 **마그마**는 암석이 녹으며 만 들어져요. 어떤 암석이 녹았느냐에 따라 물 처럼 흐르거나 걸쭉하기도 해요.

마그마가 땅 위로 나오면 **용암**이라고 불 러요. 용암은 매우 뜨거워서 주변 지역에 화재를 일으키기도 해요.

커다란 폭발음과 함께 자욱한 연기와 불 꽃이 치솟는 **화산**은 여러 재난을 함께 일 으켜요.

화 산 재

화산이 폭발하면 **화산재**도 함께 나와요. 화산재는 사람에게 호흡기 질환을 일으키 고, 비행기 운행에도 피해를 줘요.

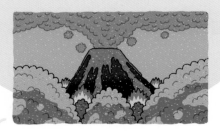

지 진

마그마가 움직이거나 분출되면서 **지진** 이 발생하기도 해요. 그래서 화산이 많은 곳에서는 지진도 자주 발생하지요.

다음 글을 읽으며, 빈칸에 들어갈 낱말을 낱말밭에서 찾아 각각 써 보세요.

세계 곳곳에서는 화산 폭발과 지진이 일어나고 있다. 화산과 지진은 서로 영향을 주고받는데, 발생하는 원리가 비슷하다. 두 활동 모두 지구 내부의 힘 때문에 일어나기 때문이다.

지구 안쪽에서 단단한 암석끼리 밀고 부딪치는 힘으로 땅이 갈라지고 흔들리는데, 이것이 ⁽¹⁾ [ㅈ | ㅈ] 이다.

지구 중심부의 온도는 매우 뜨거워서 암석마저 녹인다. 지구 내부에는 암석이 녹은 ⁽²⁾ [ㅁ | ㄱ | ㅁ] 이/가 방을 이루고 있다. 마그마가 커지면서 강한 힘이 생겨 주변의 암석을 밀어 내면서 땅 표면의 약한 틈을 뚫고 나오는데 이것이 바로 화산 폭발이다. 이때 암석 조각이나 가루 같은 ⁽³⁾ [ㅎ | ㅅ | ㅈ] 와/과 기체인 화산 가스도 섞여 나온다. 마그마는 땅 바깥으로 솟구쳐나와 액체인 ⁽⁴⁾ [ㅇ | ㅇ] 이/가 되어 땅의 표면을 따라 흐른다. 이 용암이 굳어 만들어진 것이 ⁽⁵⁾ [ㅎ | ㅅ] 이다.

낱말밭 사전

확인 ☑

* **화산** 땅속 깊은 곳에서 암석이 녹은 마그마가 지표면으로 솟구쳐 나와 만들어진 지형. ☐

* **마그마** 땅속에 암석이 녹아 있는 것. ☐

* **용암** 화산이 분출할 때 나오는 마그마. ☐

* **화산재** 화산에서 나온 용암이 잘게 부스러져 먼지처럼 된 가루. ☐

* **지진** 땅이 지구 내부의 힘을 받아 흔들리는 현상. ☐

 **확인과 적용** ~~~~~~

01 다음 낱말의 뜻으로 알맞은 것을 **보기**에서 찾아 기호를 쓰세요.

> **보기**
> ㉠ 화산이 분출할 때 나오는 마그마.
> ㉡ 땅이 지구 내부의 힘을 받아 흔들리는 현상.
> ㉢ 화산에서 나온 용암이 잘게 부스러져 먼지처럼 된 가루.

(1) 용암 (   )   (2) 화산재 (   )   (3) 지진 (   )

02 다음 초성을 보고 빈칸에 들어갈 알맞은 낱말을 쓰세요.

(1) | ㅈ | ㅈ |

　✎ 동물의 행동을 관찰해서 (   )을/를 예측하려는 연구가 있다.

(2) | ㅎ | ㅅ | ㅈ |

　✎ (   )은/는 땅을 기름지게 하여 농작물이 자라는 데 도움을 준다.

03 다음 문장 중 밑줄 친 낱말이 바르게 사용된 것을 찾아 ○표 하세요.

① 백두산은 우리나라의 대표적인 용암이다. (   )

② 세계 여러 지역에는 아직 활동 중인 화산이 많이 있다. (   )

04 다음 ㉠과 ㉡에 들어갈 알맞은 낱말을 바르게 짝 지은 것은 무엇인가요?

(   )

> 　기원전 79년, 로마의 베수비오 [㉠]이/가 폭발했다. 사람들은 도망치려고 했지만 엄청난 양의 [㉡]이/가 순식간에 사람들과 폼페이 도시 전체를 덮어 버렸다. 1,700여 년 동안 땅속에 묻혀 있던 폼페이는 농부들이 유물을 발견하면서 발굴이 시작되었다. 옛 도시의 모습을 간직한 폼페이는 유네스코 세계 문화유산으로 지정되었다.

① ㉠: 용암 - ㉡: 지진　② ㉠: 지진 - ㉡: 화산　③ ㉠: 화산 - ㉡: 화산재
④ ㉠: 용암 - ㉡: 화산재　⑤ ㉠: 화산재 - ㉡: 마그마

05 다음 빈칸에 들어갈 낱말을 **보기**에서 찾아 쓰세요.

> **보기**
>
> 용암   마그마

> 오래전, 남해의 깊은 땅속에 있던 ⓐ 이/가 뿜어져 나왔다. 밖으로 흘러나온 ⓑ 은/는 바닷물 위로 쏟아졌고, 금세 차갑게 식어 딱딱한 돌이 되었다. 그 후에도 용암이 계속 주변에 쌓이면서 점점 넓어졌다. 50만 년 전부터는 그 위에 화산 분출물이 쌓여 지름의 한라산이 되었다.

(1) ⓐ: (   )   (2) ⓑ: (   )

06 다음 빈칸에 공통으로 들어갈 낱말로 알맞은 것은 무엇인가요? (   )

> 2023년 11월 30일 새벽 4시 55분, 경북 경주시에서 [   ]이/가 발생했다. 경북에는 진도 Ⅴ(5), 울산에는 진도 Ⅳ(4)의 흔들림이 전달됐다. 진도 Ⅴ(5)의 [   ]은/는 거의 모든 사람이 진동을 느끼고 그릇과 창문 등이 깨질 수 있고, 진도 Ⅳ(4)의 [   ]은/는 실내에 있는 사람들이 진동을 느끼고 밤에는 잠에서 깨기도 한다.

① 용암   ② 지진   ③ 화산   ④ 마그마   ⑤ 화산재

2단계 활용

07 다음 **보기**와 같이 주어진 낱말을 넣어 짧은 문장을 만들어 쓰세요.

> **보기**
>
> | 화산 |
>
> ✎ 옛날에는 활동했지만 지금은 그렇지 않은 <u>화산</u>을 휴화산이라고 부른다.

(1) | 마그마 |

✎ _____

(2) | 화산재 |

✎ _____

언니는 튜브를 챙기면서 콧노래를 불렀어요. 태안에 있는 해수욕장은 **파도**가 높지 않아서 물놀이를 즐기기에 좋대요.

파도

나는 해변에서 모래 놀이를 하고, **밀물** 때에 맞춰 해수욕장에서 수영을 하면서 놀 거예요.

밀물

바다

여름 방학을 맞아 우리 가족은 태안에 놀러 가기로 했어요. 아빠는 미리 **바다** 가까이에 있는 캠핑장을 잡아 두셨어요.

썰물

엄마는 물이 빠진 서해의 노을을 사진으로 찍고 싶어 하셨어요. 여행 기간에 **썰물** 때는 다행히 해 질 무렵이에요.

갯벌

아빠와 나는 **갯벌** 체험을 할 거예요. 다양한 조개를 잡아서 조개 구이도 하고 칼국수에 넣어서 맛있게 끓여 먹을 거예요.

다음 글을 읽으며, 빈칸에 들어갈 낱말을 낱말밭에서 찾아 각각 써 보세요.

물이 빠진 (1) | ㅂ | ㄷ | 에서 시간이 가는 줄도 모르고 조개를 잡다가, 들어오는 바닷물에 빠지는 사고가 자주 일어나고 있다. 인천 해양 경찰서에 따르면, 며칠 전 하나개 해수욕장에서 조개를 잡던 관광객들이 갑자기 밀려든 바닷물에 갇혔다가 구조되었다고 밝혔다.

무의도와 영흥도 근처 바다는 (2) | ㅍ | ㄷ | 이/가 잔잔한 편이지만, 갯벌에 바닷물이 드나들며 만들어진 물길인 갯골이 많아 사고 위험이 크다. 이 지역에서 발생하는 사고만 매년 60여 건이 넘는다. 관광객들은 물이 빠지는 (3) | ㅆ | ㅁ | 때가 되면 꽤 먼 거리까지 나가서 조개를 잡는다. 그러다 바닷물이 들어와 주변을 에워싼 뒤에야 위기에 처했음을 알아차리는 것이다. (4) | ㅁ | ㅁ | 에 갇힌 관광객들은 급히 구조 요청을 하지만, 넓은 (5) | ㄱ | ㅂ | 에서 사람을 찾는 일은 쉽지 않다.

해경은 안전사고를 막기 위해 물때표를 반드시 확인하고, 구명조끼를 입는 등 안전 수칙을 지켜야 한다고 강조했다.

낱말밭 사전

확인 ☑

* **바다** 지구에서 육지를 제외하고 짠물이 있는 아주 넓은 곳. ☐

* **파도** 바다에 이는 물결. ☐

* **밀물** 바닷물이 육지 쪽으로 밀려 들어오는 것. ☐

* **썰물** 바닷물이 바다 쪽으로 빠져나가는 것. ☐

* **갯벌** 밀물 때는 물에 잠기고 썰물 때 드러나는 땅. ☐

01 다음 뜻을 가진 낱말을 보기 에서 찾아 쓰세요.

> 보기
>
> 밀물   썰물   파도

(1) 바다에 이는 물결. (   )

(2) 바닷물이 바다 쪽으로 빠져나가는 것. (   )

(3) 바닷물이 육지 쪽으로 밀려 들어오는 것. (   )

02 다음 문장의 빈칸에 들어갈 알맞은 낱말을 찾아 선으로 이으세요.

(1) [   ]에 어선 수십 척이 떠 있다.   •   • ㉠ 썰물

(2) [   ]이/가 되자 갯벌 바닥이 드러났다.   •   • ㉡ 바다

03 다음 문장의 빈칸에 들어갈 낱말을 보기 에서 찾아 쓰세요.

> 보기
>
> 파도   밀물

(1) 바람이 부는 날은 (   )이/가 높다.

(2) 우리는 (   ) 시간이 되자 조개 줍는 것을 멈추고 육지를 향해 갔다.

04 다음 빈칸에 공통으로 들어갈 낱말로 알맞은 것은 무엇인가요? (   )

> 미나: 갯지렁이, 맛조개 같은 다양한 생물이 [   ]에 살고 있네.
>
> 정우: 응. [   ]은/는 육지와 바다의 여러 가지 물질이 쌓여 먹을거리가 풍부하거든. 그리고 비가 많이 올 때는 물을 많이 저장해서 홍수 피해를 막아 준대.

① 바다   ② 파도   ③ 밀물   ④ 썰물   ⑤ 갯벌

05 다음 ㉠과 ㉡에 들어갈 알맞은 낱말을 바르게 짝 지은 것은 무엇인가요?

(　　　　)

> 　세숫대야에 물을 떠 놓고 입으로 바람을 불면 물이 출렁이는 것을 볼 수 있다. 대부분의 [㉠]은/는 이와 같이 [㉡]에서 부는 바람 때문에 발생한다. 그리고 세숫대야를 툭 쳐도 물이 출렁인다. 땅이 흔들리는 것처럼 [㉡]에서 발생하는 지진 때문에 [㉠]이/가 생기기도 한다. 지진으로 인해 주로 발생하는 큰 [㉠]을/를 '쓰나미'라고 한다.

① ㉠: 바다 - ㉡: 밀물　　② ㉠: 밀물 - ㉡: 파도　　③ ㉠: 파도 - ㉡: 썰물

④ ㉠: 파도 - ㉡: 바다　　⑤ ㉠: 썰물 - ㉡: 바다

06 다음 밑줄 친 낱말과 뜻이 반대되는 낱말을 찾아 쓰세요.

> 　바닷물이 육지 쪽으로 밀려 들어왔다 다시 나가는 것을 각각 밀물과 썰물이라 한다. 밀물과 썰물은 지구와 달이 서로를 끌어당기는 힘 때문에 일어난다. 밀물과 썰물은 하루에 두 번 정도 일어나는데 서해는 밀물과 썰물 때 바다의 높이 차이가 커서 안전사고가 일어나기 쉬우므로 물때를 잘 확인해야 한다.

(　　　　　　)

2단계 　활용

07 다음 보기와 같이 주어진 낱말을 넣어 짧은 문장을 만들어 쓰세요.

> **보기**
>
> 바다
>
> ✎ 우리의 바다는 미세 플라스틱으로 오염되고 있다.

(1) 밀물

✎ _____

(2) 갯벌

✎ _____

01 다음 문장에 어울리는 낱말을 찾아 ○표 하세요.

(1) 비를 맞은 (마그마 , 철)이/가 녹슬어서 붉게 변했다.

(2) 큰 태풍이 불자 집채만 한 (파도 , 썰물)이/가 항구를 덮쳤다.

(3) 자석의 N극과 S극이 만나면 서로 끌어당기는 (극 , 자기력)이 발생한다.

02 다음 문장의 빈칸에 들어갈 낱말을 보기에서 찾아 쓰세요.

> **보기**
>
> 갯벌   저울   바다   용암

(1) 물체의 무게를 비교할 때 양팔 (   )을/를 사용한다.

(2) 서해는 물이 빠지는 썰물이 되면 (   )이/가 드러난다.

(3) (   )은/는 땅속에 있던 마그마가 땅 밖으로 흘러나온 것이다.

(4) 등대는 밤에 (   )을/를 항해하는 배에 뱃길과 위험한 곳을 알려 준다.

03 다음 밑줄 친 낱말을 바르게 사용하여 말한 친구의 이름을 쓰세요.

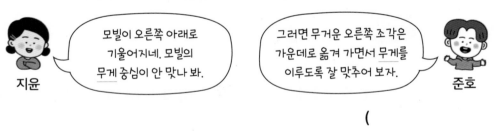

지윤: 모빌이 오른쪽 아래로 기울어지네. 모빌의 무게 중심이 안 맞나 봐.

준호: 그러면 무거운 오른쪽 조각은 가운데로 옮겨 가면서 무게를 이루도록 잘 맞추어 보자.

(   )

04 다음 빈칸에 공통으로 들어갈 낱말로 알맞은 것은 무엇인가요? (   )

> 시은: 철새들은 ☐도 없는데 어떻게 우리나라로 찾아올까?
>
> 현준: 철새들의 머릿속에는 ☐ 역할을 하는 물질이 있어서, 이 물질이 거대한 자석인 지구에서 방향을 알아낸대.

① 저울   ② 화산   ③ 파도   ④ 화산재   ⑤ 나침반

05 다음 밑줄 친 부분과 뜻이 비슷한 낱말을 찾아 쓰세요.

> 몸무게가 같은 친구끼리 시소를 탈 때 두 친구가 중심에서 같은 거리에 앉으면 시소는 기울어지지 않고 평평한 상태가 된다. 몸무게가 차이 날 때는, 무거운 친구가 중심에 가까이 앉으면 시소는 수평이 된다.

(　　　　　　)

06 다음 ㉠~㉤ 중 낱말의 쓰임이 알맞지 <u>않은</u> 것은 무엇인가요? (　　　　)

> 네오디뮴 자석은 가장 강력한 ㉠자석 중 하나이다. 강한 ㉡자기력으로 자기 ㉢극보다 훨씬 무거운 ㉣물체도 들어 올릴 수 있다. 그래서 이 자석의 자기력은 사람의 힘만으로 ㉤측정할 수 없을 정도로 강하다.

① ㉠　　　② ㉡　　　③ ㉢　　　④ ㉣　　　⑤ ㉤

07 다음 빈칸에 들어갈 낱말로 알맞은 것은 무엇인가요? (　　　　)

> 화산 폭발은 지구 생태계에 큰 피해를 준다. 땅속에 있던 　　　　은/는 밖으로 흐르면서 주변을 불태운다. 그리고 작은 먼지 같은 화산재는 햇빛을 가로막아 지구의 기온을 낮춘다. 이로 인해 식물은 성장에 큰 피해를 본다.

① 갯벌　　　② 저울　　　③ 바다　　　④ 마그마　　　⑤ 자기력

08 다음 빈칸에 들어갈 알맞은 낱말을 **보기**에서 찾아 쓰세요.

> **보기**
>
> 밀물　　　　썰물

> 　㉠　과　　㉡　의 차이로 전기를 생산할 수 있다. 강 하류나 육지 쪽으로 많이 들어온 바다에 둑을 쌓고 바닷물이 들어오는 　㉠　 때는 바닷물을 가둔다. 그리고 　㉡　 때가 되면 둑을 열어 바닷물을 내보내는데, 이때 흐르는 바닷물의 힘으로 전기를 만드는 것이다.

(1) ㉠: (　　　　　　) (2) ㉡: (　　　　　　)

[09~11] 다음 글을 읽고, 물음에 답하세요.

미국의 세인트헬렌스산이 폭발하다!

세인트헬렌스산은 미국의 대표적인 활화산이다. 최근까지도 화산 폭발이 있었는데 폭발 당시의 기록에 따르면, 두 달 전부터 땅이 흔들리는 ㉠ 이/가 일어났고, 그 뒤로 산비탈이 하루에 1.5미터씩 부풀어 올랐다고 한다.

▲ 세인트헬렌스산

1980년 5월 18일, 세인트헬렌스산에서 큰 화산 폭발이 있었다. 엄청난 소리와 함께 화산재가 하늘로 치솟으며 산사태가 일어나 돌과 흙, 물이 계곡과 강으로 흘러들었다.

전문가들은 지구 내부의 밀어 올리는 힘에 산비탈이 부풀어 오르면서 산사태가 일어난 것이라고 보았다. 이 산사태와 화산 폭발로 서울의 넓이와 맞먹는 숲이 파괴되었고, 57명의 사람이 목숨을 잃었다. 미국 북서부 일대는 이 화산이 폭발하면서 함께 나온 ㉡ (으)로 뒤덮여 큰 피해를 입었다.

화산이 폭발하기 전 세인트헬렌스산의 높이는 약 3,372미터였지만 9시간 동안 화산이 폭발한 뒤 다시 높이를 ㉢재어 보니 2,914미터로 이전보다 낮아졌다. 화산 폭발로 정상 부근이 날아가 버리면서 산의 높이가 낮아지고 모양도 크게 변한 것이었다.

09 ㉠과 ㉡에 들어갈 알맞은 낱말을 **보기**에서 찾아 쓰세요.

> **보기**
>
> 지진   용암   수평   화산재

(1) ㉠: (   )   (2) ㉡: (   )

10 ㉢과 바꾸어 쓸 수 있는 낱말로 알맞은 것은 무엇인가요? (   )

① 극   ② 수평   ③ 측정   ④ 화산재   ⑤ 나침반

11 다음은 이 글의 중심 내용입니다. 빈칸에 들어갈 알맞은 낱말은 무엇인가요?

(   )

> 미국의 세인트헬렌스산은 □□ 폭발로 산의 높이와 모양이 변했다.

① 바다   ② 화산   ③ 용암   ④ 파도   ⑤ 썰물

🌸 디지털 속 한 문장

정답 및 해설 **28쪽**

다음을 보고, **갯벌**이라는 낱말을 넣어 답글을 문장이나 글을 쓰세요.

#갯벌

오늘 갯벌에서 조개를 많이 잡았다. 낙지를 한 마리도 못 잡은 것은 너무 아쉽다. 다음 체험 학습은 갯벌로 가자고 선생님께 건의해야겠다.

과학

05~08

주제별로 묶어 어휘를 의미적으로 연결하여 학습해 봐!

과학 주제 05 물질의 종류에는 무엇이 있을까?

창문은 안과 밖이 잘 보이는 **유리**로 만들어요. 그리고 주스 같은 음료수를 담는 데 사용하는 투명한 유리컵도 있어요.

유리

음식을 만들 때 사용하는 냄비와 그릇은 뜨거운 열을 잘 견디는 **금속**으로 만들어요. 금속은 단단해서 칼도 만들수 있어요.

금속

물질

우리가 사용하는 물건들은 **물질**로 이루어져 있어요. 집에서 사용하는 물건을 보며 다양한 물질을 찾아봤어요.

고무

말랑말랑한 **고무**로는 설거지할 때 사용하는 고무장갑이나 지우개, 자전거 타이어도 만들어요.

플라스틱

우리가 생활하면서 가장 많이 쓰는 것은 **플라스틱**으로 배달 음식을 담는 그릇과 일회용 숟가락, 포크 등을 만들지요.

다음 글을 읽으며, 빈칸에 들어갈 낱말을 낱말밭에서 찾아 각각 써 보세요.

(1) ㅁㅈ 은/는 물체를 만드는 재료로, 저마다 다른 성질을 가지고 있다. 그래서 물건의 기능에 따라 알맞은 물질을 선택해야 한다.

학교에서 사용하는 책상을 예로 들어 보자. 책상을 (2) ㅇㄹ (으)로 만든다면 어떻게 될까? 유리 책상이 깨져서 학생이 다칠 수 있다. 유리는 충격에 약하기 때문이다. 그러면 학생의 안전을 위해 책상을 (3) ㄱㅁ (으)로 만든다면 어떨까? 책상이 깨져서 학생이 다칠 일은 없겠지만 책상이 말랑해서 공책을 받치고 글씨 쓰기가 어려울 것이다. 책상을 단단하고 튼튼한 (4) ㄱㅅ (으)로 만든다면 어떨까? 이 책상은 단단해서 글씨를 쓸 때는 좋지만 너무 무거워서 옮기기가 어렵다. 그러면 (5) ㅍㄹㅅㅌ (으)로 책상을 만든다면 해결이 될까? 플라스틱으로 만든 책상은 너무 가벼워 잘 넘어질 수 있다. 그래서 책상은 적당히 가벼우면서도 단단한 나무로 만드는 것이다.

이처럼 물건을 만들 때는 그 물건의 기능과 재료가 되는 물질의 특징을 알고 쓰임에 맞게 만들어야 한다.

낱말밭 사전

확인 ☑

* **물질** 물체를 이루고 있는 재료. ☐

* **유리** 단단하고 깨지기 쉬우며 환하게 내다보이는 물질. ☐

* **금속** 철, 금, 은과 같은 단단하고 반짝이는 물질. ☐

* **고무** 고무나무에서 나오는 액체를 굳혀서 만든 물렁물렁한 물질. ☐

* **플라스틱** 열이나 힘을 주어서 여러 가지 모양을 만들 수 있는 물질. ☐

01 다음 낱말의 뜻으로 알맞은 것을 **보기**에서 찾아 기호를 쓰세요.

> **보기**
> ㉠ 물체를 이루고 있는 재료.
> ㉡ 철, 금, 은과 같은 단단하고 반짝이는 물질.
> ㉢ 단단하고 깨지기 쉬우며 환하게 내다보이는 물질.

(1) 물질 (   )   (2) 유리 (   )   (3) 금속 (   )

02 다음 문장의 빈칸에 들어갈 알맞은 낱말을 **보기**에서 찾아 쓰세요.

> **보기**
>   금속   플라스틱

(1) 우리나라는 세계 최초로 (   ) 활자를 사용했다.

(2) (   ) 그릇은 가볍고 깨지는 않지만 열에는 약하다.

03 다음 문장 중 밑줄 친 낱말이 바르게 사용된 것을 찾아 ○표 하세요.

① 깨진 유리 창문 사이로 차가운 바람이 들어온다. (   )

② 생일 선물로 반짝이는 고무로 된 열쇠고리를 받았다. (   )

04 다음 ㉠과 ㉡에 들어갈 알맞은 낱말을 바르게 짝 지은 것은 무엇인가요?

(   )

> 아름: 그릇은 쓰임새가 같아도 사용된 [㉠]에 따라 특징이 달라지네.
> 한결: 우리 집은 [㉡](으)로 만든 그릇을 써서 담긴 내용물을 쉽게 알 수
> 있어. 그렇지만 잘 깨지는 단점이 있지.
> 아름: 그래서 우리 집은 플라스틱으로 된 그릇을 주로 사용해.

① ㉠: 금속 - ㉡: 고무   ② ㉠: 유리 - ㉡: 고무   ③ ㉠: 물질 - ㉡: 유리

④ ㉠: 물질 - ㉡: 금속   ⑤ ㉠: 물질 - ㉡: 플라스틱

05 다음 빈칸에 공통으로 들어갈 낱말로 알맞은 것은 무엇인가요? (   )

> [   ]은/는 3,500년 전 멕시코에 살던 원주민들이 처음 사용했다. 그들은 고무나무에서 나오는 수액을 이용해, 손과 발을 수액에 담갔다가 빼는 방식으로 고무장갑과 장화도 만들었다고 한다. 콜럼버스의 신대륙 발견 이후 멕시코에서 쓰이던 [   ]은/는 서양의 탐험가들에 의해 유럽에 전해졌다.

① 유리   ② 금속   ③ 물질   ④ 고무   ⑤ 플라스틱

06 다음 빈칸에 들어갈 알맞은 낱말을 보기에서 찾아 쓰세요.

> **보기**
>
> 물질   플라스틱

> [㉠]은 저렴하고 변형이 쉬워서 사람들이 많이 사용하는 [㉡]이지만 자연적으로 썩지 않는다는 문제가 있다. 그래서 카페에서는 [㉠] 빨대 대신 분해가 잘 되는 다른 [㉡](으)로 만든 빨대를 주기도 한다. 하지만 무엇보다 중요한 것은 [㉠]의 사용 자체를 줄이려는 개인의 노력이다.

(1) ㉠: (   )   (2) ㉡: (   )

2단계 활용

07 다음 보기와 같이 주어진 낱말을 넣어 짧은 문장을 만들어 쓰세요.

> **보기**
>
> 물질
>
> ✎ 물질마다 단단한 정도, 휘는 정도가 다르다.

(1) 유리

✎ _____

(2) 플라스틱

✎ _____

과학주제 06 물질의 상태에 대해 알아볼까?

상자 안에는 **고체** 드라이아이스가 들어 있었어요. 엄마는 저녁을 먼저 먹고 아이스 크림을 먹자고 하셨어요.

고체

저녁을 먹고 윷놀이를 하다가 잊었던 아 이스크림이 생각났어요. 아이스크림은 녹 아서 **액체**가 되어 주르르 흘렀어요.

액체

상태

고모가 아이스크림 케이크를 사 오셨어 요. 다행히 아이스크림 케이크는 녹지 않고 꽁꽁 얼어있는 **상태**였어요.

기체

냉장고가 가득 차서 상자를 밖에 두고 까 맣게 잊은 거예요. 드라이아이스마저 모두 **기체**로 날아가 버렸어요.

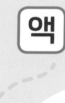

모양

반쯤 녹은 아이스크림 케이크는 **모양**이 엉망이 되었어요. 나는 더 녹기 전에 허겁 지겁 아이스크림 케이크를 먹었지요.

다음 글을 읽으며, 빈칸에 들어갈 낱말을 낱말밭에서 찾아 각각 써 보세요.

지구에 있는 물질은 대부분 고체, 액체, 기체의 세 가지 모습으로 존재한다.

(1) ┌ㄱ┬ㅊ┐은/는 돌이나 나무, 얼음처럼 일정한 (2) ┌ㅁ┬ㅇ┐을/를 갖추고 공간을 차지하고 있다. 그래서 눈으로 볼 수 있고 손으로 잡을 수도 있다.

(3) ┌ㅇ┬ㅊ┐은/는 물이나 우유, 주스처럼 담는 그릇에 따라 모양이 바뀌지만, 양은 변하지 않는 상태를 말한다. 그리고 눈으로 볼 수 있지만 흐르는 성질이 있어서 손으로 잡을 수는 없다.

반면 (4) ┌ㄱ┬ㅊ┐은/는 공기처럼 눈에 보이지 않지만 무게가 있기 때문에 기체가 존재한다는 것을 알 수 있다. 또한 기체는 담는 그릇에 따라 모양이 변하며 그릇을 항상 가득 채운다. 기체는 쉽게 이동하는 성질이 있어서 손으로 잡을 수 없다.

얼음이 녹아 물이 되는 것처럼 고체, 액체, 기체는 평상시에는 그대로 있다가 열을 받으면 다른 형태로 변한다. 이를 물질의 (5) ┌ㅅ┬ㅌ┐ 변화라고 한다.

낱말밭 사전

확인 ☑

* **상태** 물건이나 일이 놓여 있는 모양이나 형편. ☐

* **고체** 일정한 모양과 부피가 있어 만지고 볼 수 있는 물질. ☐

* **액체** 부피가 있으나 일정한 형태가 없으며 흐르는 성질이 있는 물질. ☐

* **기체** 일정한 모양과 부피가 없고 널리 퍼지려는 성질이 있는 물질. ☐

* **모양** 겉으로 보이는 생김새. ☐

01 다음 뜻을 가진 낱말을 보기에서 찾아 쓰세요.

> **보기**
>
> 상태   고체   액체

(1) 물건이나 일이 놓여 있는 모양이나 형편. (   )

(2) 일정한 모양과 부피가 있어 만지고 볼 수 있는 물질. (   )

(3) 부피가 있으나 일정한 형태가 없으며 흐르는 성질이 있는 물질. (   )

02 다음 문장 중 밑줄 친 낱말이 바르게 사용된 것을 찾아 ○표 하세요.

① 얼음에 열을 가하면 기체인 물이 된다. (   )

② 고체는 여러 그릇에 옮겨 담아도 모양이 변하지 않는다. (   )

03 다음 밑줄 친 낱말을 바르게 사용하여 말한 친구의 이름을 쓰세요.

미주: 바닷가에서 물질의 상태를 알아볼까? 바닷속의 자갈과 모래는 고체라고 할 수 있어.

우재: 바닷물은 액체, 시원한 바닷바람은 기체 모양이야.

(   )

04 다음 ㉠과 ㉡에 들어갈 알맞은 낱말을 바르게 짝 지은 것은 무엇인가요?

(   )

> 현진: 드라이아이스는 단단한 [㉠]인데 연기가 나면서 작아졌어.
>
> 시은: 왜냐하면 드라이아이스는 공기 중에서 연기와 같은 [㉡]로 바로 변하기 때문에 크기가 작아지는 거야.

① ㉠: 기체 - ㉡: 상태   ② ㉠: 기체 - ㉡: 고체   ③ ㉠: 상태 - ㉡: 기체

④ ㉠: 고체 - ㉡: 기체   ⑤ ㉠: 고체 - ㉡: 상태

05 다음 빈칸에 공통으로 들어갈 낱말로 알맞은 것은 무엇인가요? (   )

> 소금 가루는 손으로 잡을 수 있지만, 주르륵 흐르기도 하고 담는 그릇에 따라 모양이 바뀐다. 그렇다면 소금 가루는 고체일까, 액체일까? 소금 가루는 고체를 빻아서 만든 것이다. 고체를 가루로 만들면서 [   ]은/는 변하지 않고 크기만 작아진다. 물질의 [   ] 변화는 열을 주고받는 과정이 있어야 발생한다. 따라서 소금 가루는 고체이다.

① 상태   ② 고체   ③ 액체   ④ 기체   ⑤ 모양

06 다음 밑줄 친 부분과 뜻이 비슷한 낱말을 찾아 쓰세요.

> 연료에 불을 붙이려면 산소가 필요하다. 비행기는 하늘을 날면서 산소를 구할 수 있지만, 우주로 날아가는 로켓은 산소를 준비해야 한다. 산소를 원래 상태인 기체로 가져가면 부피가 너무 커서 효율적이지 않다. 그래서 산소를 모양이 변하더라도 부피가 일정한 물질의 상태로 변화시켜 우주로 가져간다. 이것이 바로 액체 산소이다.

(   )

2단계 활용

07 다음 보기와 같이 주어진 낱말을 넣어 짧은 문장을 만들어 쓰세요.

> **보기**
>
> [상태]
>
> ✎ 물질은 주로 온도와 압력에 따라 상태가 변한다.

[모양]

✎ _____

08 다음 두 낱말을 모두 넣어 짧은 문장을 만들어 쓰세요.

> 기체   액체

✎ _____

과학
주제 07 질병에 대처하는 방법은 무엇일까?

주말에 독감 **예방 접종**을 하고 캠핑을 가려고 했어요. 하지만 캠핑은커녕 주말 내내 꼼짝없이 누워 있게 됐어요.

예방접종

독감은 사람들이 많이 모인 곳에서 잘 퍼진다고 해요. 나는 침대에 누워서 어떤 경로로 **감염**되었는지 생각해 봤어요.

감염

질병

독감은 사람을 힘들게 하는 **질병**이에요. 학교에서 돌아올 때만 해도 머리만 아팠는데, 집에 오니 몸 전체가 쑤셔요.

비말

며칠 전 대형 마트에 갔었어요. 그날 다른 사람이 기침을 했는데, 그 사람의 **비말**로 독감이 옮은 것 같아요.

치료

부모님은 독감에 걸린 나를 보살펴 주셨어요. **치료**를 잘 받고 나아서 다음 주에는 꼭 캠핑을 갈 거예요.

130 달곰한 문해력 초등 어휘 3단계

다음 글을 읽으며, 빈칸에 들어갈 낱말을 낱말밭에서 찾아 각각 써 보세요.

　　인간이 걸리는 ⁽¹⁾[ㅈ][ㅂ]의 종류는 아주 다양하다. 그중에서도 세균, 바이러스, 기생충, 곰팡이 등이 우리 몸을 ⁽²⁾[ㄱ][ㅇ]시키고 나서 다른 사람들에게 병을 전하는 질병을 '전염병'이라고 한다. 전 세계적으로 유행했던 코로나19나 독감, 수두 등이 대표적인 전염병이다.

　　전염병을 일으키는 세균과 바이러스, 기생충 등을 '병원체'라고 하는데, 병원체가 다른 사람에게 퍼지는 과정은 다양하다. 대개 병에 걸린 사람이 기침이나 재채기를 할 때 나오는 ⁽³⁾[ㅂ][ㅁ]을/를 들이마셨거나 병원체가 묻은 손으로 눈이나 코를 만졌을 때 병에 걸린다. 또한 모기, 진드기 같은 피를 빨아먹는 곤충이나 몸에 난 상처를 통해 병원체가 직접 전달되어 병에 걸릴 수도 있다.

　　옛날에는 전염병에 걸리면 ⁽⁴⁾[ㅊ][ㄹ]할 방법이 없어서 많은 사람이 목숨을 잃었다. 그러나 오늘날에는 새롭게 나타난 전염병이 아니라면 대부분의 전염병은 ⁽⁵⁾[ㅇ][ㅂ][ㅈ][ㅈ](으)로 우리 몸을 지킬 수 있게 되었다.

낱말밭 사전　　　　　　　　　　　　　　　　　　확인 ☑

＊ **질병**　몸에 생기는 온갖 병.　☐

＊ **예방 접종**　병에 걸리지 않게 미리 주사를 맞거나 약을 먹는 일.　☐

＊ **감염**　병을 일으키는 미생물이 동물이나 식물의 몸 안에 들어가 퍼지는 것.　☐

＊ **비말**　날아 흩어지거나 튀어 오르는 물방울.　☐

＊ **치료**　병이나 상처 등을 잘 다스려 낫게 함.　☐

 확인과 적용

01 다음 낱말의 뜻으로 알맞은 것을 보기에서 찾아 기호를 쓰세요.

> 보기
> ㉠ 병이나 상처 등을 잘 다스려 낫게 함.
> ㉡ 날아 흩어지거나 튀어 오르는 물방울.
> ㉢ 병을 일으키는 미생물이 동물이나 식물의 몸 안에 들어가 퍼지는 것.

(1) 비말 (   )   (2) 치료 (   )   (3) 감염 (   )

02 다음 문장의 빈칸에 들어갈 낱말을 보기에 있는 글자 카드로 만들어 보세요.

> 보기
> 염   질   병   감

(1) 바이러스에 오염된 물을 끓이지 않고 마실 경우 병에 (   )될 수 있다.

(2) 우리는 (   )을 예방하는 방법을 알고 건강한 생활 습관을 가져야 한다.

03 다음 중 밑줄 친 낱말을 바르게 사용하여 말한 친구의 이름을 쓰세요.

나는 동물을 사랑해. 그래서 아픈 동물을 <u>치료</u>하는 수의사가 되고 싶어.

이안

멋있다. 나중에 내 반려동물이 <u>예방 접종</u>에 걸려서 아프면 네가 낫게 해 줘.

도준

(   )

04 다음 ㉠과 ㉡에 들어갈 알맞은 낱말을 바르게 짝 지은 것은 무엇인가요?

(   )

> 세계적으로 유행한 코로나19는 새로운 유형의 코로나바이러스에 [㉠]
> 되어 생기는 병이다. 병에 걸린 사람이 기침할 때 나오는 [㉡]을/를 통해
> 바이러스가 퍼지기 때문에 질병이 전 세계로 빠르게 퍼질 수밖에 없었다. 그
> 래서 사람들은 마스크를 강제로 써야 했고, 병에 걸린 사람은 일정 기간 격리
> 되어 있어야 했다.

① ㉠: 질병 - ㉡: 비말   ② ㉠: 치료 - ㉡: 비말   ③ ㉠: 질병 - ㉡: 감염
④ ㉠: 감염 - ㉡: 비말   ⑤ ㉠: 감염 - ㉡: 치료

05 다음 빈칸에 들어갈 알맞은 낱말을 <보기>에서 찾아 쓰세요.

> **보기**
>
> 치료   예방 접종

> 천연두는 열과 함께 온몸에 빨간 점 같은 종기가 생기는 병이다. 옛날에는 [㉠] 방법이 없어 많은 사람이 목숨을 잃었다. 1796년 영국 의사 제너는 소에게 돌던 천연두인 우두에 걸린 사람은 천연두에 걸리지 않는다는 점을 발견하고 우두에 걸린 소의 고름을 건강한 사람에게 주사했다. 이 주사를 맞은 사람은 천연두에 걸리지 않았고 이것이 최초의 [㉡]이/가 되었다.

(1) ㉠: (   ) (2) ㉡: (   )

06 다음 밑줄 친 부분과 뜻이 비슷한 낱말을 찾아 쓰세요.

> 감기와 독감은 증상이 비슷하지만 질병을 일으키는 바이러스 종류가 서로 다르다. 감기 바이러스의 종류는 200여 가지가 넘어 알맞은 백신을 만들기 어렵다. 반면 독감은 인플루엔자 바이러스에 의해 <u>몸에 생기는</u> 병이라 딱 맞는 백신을 만들 수 있다. 그래서 독감은 매년 겨울이 되기 전 예방 접종을 한다.

(   )

2단계 **활용**

07 다음 <보기>와 같이 주어진 낱말을 넣어 짧은 문장을 만들어 쓰세요.

> **보기**
>
> 감염
>
> ✎ 손 씻기를 바르게 하면 바이러스의 <u>감염</u>을 막을 수 있다.

(1) 비말

✎ ---

(2) 예방 접종

✎ ---

메뚜기는 따뜻한 땅속에 거품과 함께 **알**을 낳아요. 메뚜기가 낳은 알은 거품 속에 둘러싸여 추위를 견딜 수 있어요.

알

장수풍뎅이의 **애벌레**는 퇴비 속에서 겨울을 나요. 퇴비가 썩으면서 발생하는 열이 애벌레를 따뜻하게 해 주지요.

애 벌 레

곤 충

찬바람이 쌩쌩 부는 겨울이면 우리는 두꺼운 옷과 장갑으로 추위를 막아요. **곤충**들은 추운 겨울을 어떻게 보낼까요?

번 데 기

노랑쐐기나방의 **번데기**는 나뭇가지 사이에 만든 단단한 고치 속에서 따뜻한 봄을 기다려요.

어 른 벌 레

무당벌레는 **어른벌레**로 겨울을 나요. 사람의 집이나 창고처럼 겨울을 나기 좋은 곳을 찾으면 함께 모여 겨울잠을 자요.

다음 글을 읽으며, 빈칸에 들어갈 낱말을 낱말밭에서 찾아 각각 써 보세요.

어느 날, 케일 화분 주변을 청소하다가 케일 잎 뒷면에 노란 옥수수를 닮은 배추흰나비 (1) [ㅇ] 이/가 붙어 있는 것을 발견했다. 며칠 전 배추흰나비가 화분 주변을 날아다녔는데, 아마 그때 알을 낳은 것 같다. 그래서 나는 케일을 키우며 (2) [ㄱ | ㅊ] 의 한살이를 관찰하기로 했다.

일주일쯤 지나자 알이 흔들리더니 노란빛을 띤 (3) [ㅇ | ㅂ | ㄹ] 이/가 나왔다. 애벌레는 알껍데기와 케일 잎을 갉아 먹었다. 점차 애벌레는 초록색으로 변했고, 허물을 벗으면서 점점 커졌다.

3주가 지나자 애벌레는 입에서 실을 뽑아 케일에 몸을 묶었고, 곧 (4) [ㅂ | ㄷ | ㄱ] 이/가 되었다. 번데기는 갈색으로 변하면서 딱딱해졌다.

그렇게 일주일 동안 아무 움직임이 없었는데, 갑자기 번데기 껍질이 벌어지더니 배추흰나비 (5) [ㅇ | ㄹ | ㅂ | ㄹ] 이/가 나와 케일 화분 주위를 날아다녔다. 건강하게 나비가 된 것을 보니 기특하다는 생각이 들었다.

낱말밭 사전

확인 ☑

* **곤충** 몸이 머리, 가슴, 배 세 부분으로 되어 있고 다리가 여섯 개인 동물. ☐

* **알** 새, 물고기, 곤충 등의 암컷이 낳는 둥근 것. ☐

* **애벌레** 알에서 나온 후 아직 다 자라지 않은 벌레. ☐

* **번데기** 애벌레가 어른벌레가 되기 전에 한동안 껍질 속에 들어가 있는 것. ☐

* **어른벌레** 다 자라서 짝짓기를 할 수 있는 곤충. ☐

 1단계 **확인과 적용**

01 다음 뜻을 가진 낱말을 [보기]에서 찾아 쓰세요.

> **보기**
>
> 알   애벌레   어른벌레

(1) 다 자라서 짝짓기를 할 수 있는 곤충. (   )

(2) 알에서 나온 후 아직 다 자라지 않은 벌레. (   )

(3) 새, 물고기, 곤충 등의 암컷이 낳는 둥근 것. (   )

02 다음 문장 중 밑줄 친 낱말이 바르게 사용된 것을 찾아 ○표 하세요.

① 대부분 곤충은 타원이나 둥근 모양이다. (   )

② 애벌레에서 바로 어른벌레가 되는 곤충도 있다. (   )

03 다음 초성을 보고 빈칸에 들어갈 알맞은 낱말을 쓰세요.

(1) | ㅂ | ㄷ | ㄱ |

    ✎ (   )의 색깔은 주변 환경의 색깔과 비슷하게 변한다.

(2) | ㄱ | ㅊ |

    ✎ (   )은/는 지구에 있는 동물 중에서 가장 많은 수를 차지한다.

04 다음 ㉠과 ㉡에 들어갈 알맞은 낱말을 바르게 짝 지은 것은 무엇인가요?

(   )

> 곤충의 [㉠]은/는 종류에 따라 매끈매끈한 것, 돌기가 돋아 있는 것 등 다양하다. 하지만 대부분은 타원이나 둥근 모양이다. 곤충의 암컷은 갓 깨어 난 [㉡]이/가 좋아하는 먹이가 있는 곳에 [㉠]을/를 낳는다. 그래 서 [㉡]은/는 태어나자마자 끊임없이 먹이 활동을 하며 성장한다.

① ㉠: 알 - ㉡: 애벌레   ② ㉠: 알 - ㉡ : 번데기

③ ㉠: 번데기 - ㉡: 애벌레   ④ ㉠: 애벌레 - ㉡ : 번데기

⑤ ㉠: 번데기 - ㉡: 어른벌레

05 다음 빈칸에 공통으로 들어갈 낱말로 알맞은 것은 무엇인가요? (   )

> 잠자리 [   ]은/는 머리, 가슴, 배의 세 부분으로 되어 있다. 날개는 앞날개, 뒷날개가 각각 한 쌍씩 있고 머리에는 커다란 겹눈이 두 개 있다. 애벌레일 때는 물속에서 꼬리 아가미로 숨 쉬면서 주로 다른 곤충의 애벌레를 잡아먹고, 다 자란 잠자리 [   ]은/는 큰 턱으로 주로 파리, 모기 등을 잡아먹는다.

① 알   ② 물질   ③ 애벌레   ④ 번데기   ⑤ 어른벌레

06 다음 빈칸에 들어갈 알맞은 낱말을 **보기**에서 찾아 쓰세요.

> **보기**
>
> 곤충   번데기

> '탈바꿈'은 [㉠]이/가 자라면서 여러 번 모습을 바꾸는 것이다. 배추흰나비처럼 애벌레에서 [㉡]이/가 되었다가 어른벌레가 되는 경우를 '완전 탈바꿈'이라고 한다. 벌과 파리 등이 여기에 속한다. 그리고 [㉡]을/를 거치지 않고 애벌레에서 바로 어른벌레가 되는 것도 있는데, 이를 '불완전 탈바꿈'이라고 한다. 사마귀, 메뚜기 등이 여기에 속한다.

(1) ㉠: (   )   (2) ㉡: (   )

2단계   **활용**

07 다음 **보기**와 같이 주어진 낱말을 넣어 짧은 문장을 만들어 쓰세요.

> **보기**
>
> 곤충
>
> ✎ 곤충은 먹이나 환경에 따라 생김새가 조금씩 다르다.

(1) 알

✎ --

(2) 번데기

✎ --

01 다음 문장의 빈칸에 들어갈 낱말을 보기에서 찾아 쓰세요.

> **보기**
>
> 액체   유리   비말

(1) 설거지를 하다가 (   )로 된 접시를 깨뜨렸다.

(2) 우리 주변에 있는 (   )로 물, 주스, 우유, 간장 등이 있다.

(3) 마스크를 사용하면 (   )로 전파되는 바이러스를 막을 수 있다.

02 다음 문장 중 밑줄 친 낱말이 바르게 사용된 것을 찾아 ○표 하세요.

① 고무는 쉽게 깨지기 때문에 조심히 다루어야 한다. (   )

② 보통 독감은 겨울이 오기 전에 미리 예방 접종을 시작한다. (   )

03 다음 밑줄 친 낱말을 바르게 사용하여 말한 친구의 이름을 쓰세요.

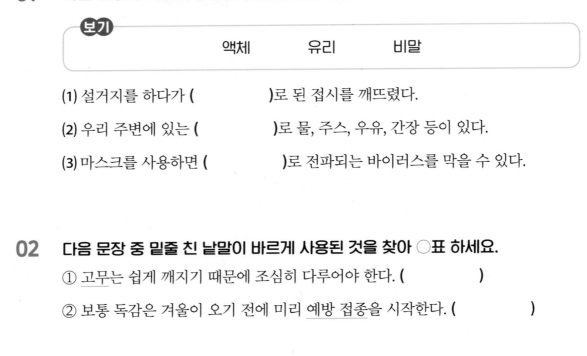

세아: 나무 막대는 비커에 담거나 유리컵에 담아도 모양이나 부피가 바뀌지 않네.

윤후: 담는 그릇이 바뀌어도 형태가 바뀌지 않는 물질의 모양을 고체라고 해.

(   )

04 다음 ㉠과 ㉡에 들어갈 알맞은 낱말을 바르게 짝 지은 것은 무엇인가요?

(   )

> 2023년 서산의 한 농장에서 럼피스킨병이 처음으로 발생했다. 이 [㉠]에 걸린 소는 온몸에 혹이 생긴다. 증상은 소와 돼지가 함께 걸리는 구제역과 비슷하지만, 럼피스킨병은 소만 [㉡]된다.

① ㉠: 곤충 - ㉡: 치료   ② ㉠: 곤충 - ㉡: 감염   ③ ㉠: 질병 - ㉡: 감염

④ ㉠: 번데기 - ㉡: 치료   ⑤ ㉠: 어른벌레 - ㉡: 감염

정답 및 해설 33쪽

05 다음 밑줄 친 부분과 뜻이 비슷한 낱말은 무엇인가요? (   )

> 주전자는 열이 잘 전달되도록 <u>철</u>처럼 단단하고 반짝이는 물질로 만들고 손잡이는 주로 플라스틱으로 만든다. 물을 끓일 때 금속 부분은 매우 뜨겁지만 플라스틱은 열을 잘 전달하지 않아 덜 뜨겁기 때문이다.

① 고무   ② 곤충   ③ 상태   ④ 기체   ⑤ 금속

06 다음 ㉠~㉤ 중 낱말의 쓰임이 알맞지 <u>않은</u> 것을 찾아 기호를 쓰세요.

> ㉠애벌레에서 번데기 ㉡상태가 될 때 스스로 보호하기 위해 고치라는 집을 짓는 ㉢곤충도 있다. 보통 주변과 비슷한 색으로 고치를 만들어 ㉣번데기가 된다. 이는 고치에서 ㉤알이 되어 나왔을 때 적에게 들키지 않기 위함이다.

(   )

07 다음 빈칸에 공통으로 들어갈 낱말은 무엇인가요? (   )

> 지안: 금속과 [   ]을/를 서로 긁어 보니 금속이 더 단단해.
> 서준: 대신 [   ]은/는 당기면 늘어나고 놓으면 다시 돌아오는 재미있는 특징이 있어.

① 유리   ② 고무   ③ 고체   ④ 액체   ⑤ 플라스틱

08 다음 글을 읽고, 빈칸에 알맞은 낱말을 쓰세요.

> 물질을 이루는 입자의 움직임은 물질의 상태에 따라 다른데 고체일 때 가장 느리고, 기체일 때 가장 활발하다. 예를 들어 라면이 고체 상태일 때는 라면 봉지를 뜯고 코를 가까이 대야 냄새를 맡을 수 있다. 하지만 라면을 끓일 때 나오는 수증기는 기체이기 때문에 멀리 있어도 라면 냄새를 맡을 수 있다.

→ 물질의 [ ][ ]에 따라 다른 입자의 움직임

방귀 대장, 폭탄먼지벌레

'폭탄먼지벌레'는 방귀를 뀌는 곤충이라 일명 '방귀벌레'라고도 불린다. 밤에 먹이 활동을 하다가 적을 만나면, 폭탄먼지벌레는 1~2초 정도의 짧은 시간 동안 꽁무니에서 독성 물질과 뜨거운 ㉠ 인 수증기를 내뿜는다. 이때 수증기의 온도가 100도를 넘기 때문에, 이 '폭탄 맛'을 본 적들은 폭탄먼지벌레를 다시는 건드리지 않는다.

폭탄먼지벌레의 몸 안에는 폭탄을 만들 수 있는 두 개의 방이 있다. 위쪽 방에는 과산화수소와 하이드로퀴논이라는 ㉡ 이, 아래쪽 방에는 효소가 저장되어 있다. 폭탄먼지벌레가 위험을 느끼면 두 방 사이의 칸막이가 열리면서 두 방에 나뉘어 있던 물질들이 섞여 폭발을 일으키고 뜨거운 열과 독성 물질을 만들어 낸다.

폭탄먼지벌레가 내뿜는 물질은 사람의 피부에 화상을 입히고 가려움증을 유발하기 때문에 치료가 필요하다. 폭탄먼지벌레를 삼킨 두꺼비가 방귀를 견디지 못해 결국 토해 낼 정도로, 이 방귀는 강력한 무기이다.

09 ㉠과 ㉡에 들어갈 알맞은 낱말을 보기에서 찾아 쓰세요.

> **보기**
>
> | 모양 | 기체 | 물질 | 질병 |

(1) ㉠: (   ) (2) ㉡: (   )

10 다음 뜻을 가진 낱말을 윗글에서 찾아 쓰세요.

> 병이나 상처 등을 잘 다스려 낫게 함.

(   )

11 다음은 이 글의 주제입니다. 빈칸에 들어갈 알맞은 낱말은 무엇인가요?

(   )

> '방귀벌레'라는 별명을 가진 폭탄먼지벌레는 사람도 다치게 할 수 있는 ☐☐이다.

① 감염　　② 물질　　③ 곤충　　④ 모양　　⑤ 비말

정답 및 해설 33쪽

디지털 속 한 문장

다음을 보고, **치료**라는 낱말을 넣어 ㉠에 들어갈 문장이나 글을 쓰세요.

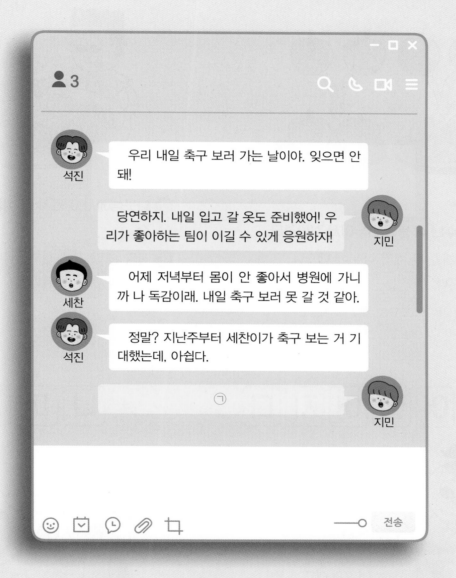

석진: 우리 내일 축구 보러 가는 날이야. 잊으면 안 돼!

지민: 당연하지. 내일 입고 갈 옷도 준비했어! 우리가 좋아하는 팀이 이길 수 있게 응원하자!

세찬: 어제 저녁부터 몸이 안 좋아서 병원에 가니까 나 독감이래. 내일 축구 보러 못 갈 것 같아.

석진: 정말? 지난주부터 세찬이가 축구 보는 거 기대했는데, 아쉽다.

지민: ㉠

수학 필수 어휘

나누다

뜻 몇 개의 수나 식 등을 나누어서 계산하다.

예 사과 네 개를 두 개씩 나누어 담으니 두 접시가 나온다.

몫

뜻 나눗셈에서 어떤 수나 식을 나누어서 얻는 수.

예 사과 여덟 개를 형과 나누어 가지면 내 몫은 사과 네 개가 된다.

나누어떨어지다

뜻 나눗셈에서 몫이 나오고 나머지가 없게 되다.

예 귤 열 개를 동생과 다섯 개씩 가져가니 나누어떨어졌다.

나머지

뜻 나누어 똑 떨어지지 아니하고 남는 수.

예 귤 다섯 개를 동생과 나누니까 나머지로 한 개가 남았다.

분 수

🏷 전체에 대한 부분을 나타낸 수.

📝 원래 <u>분수</u>는 1보다 작은 수를 나타내기 위해 만들어진 것이다.

분 자

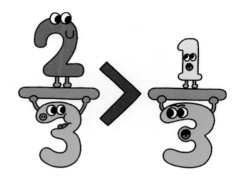

🏷 분수에서 가로줄 위에 있는 수나 식.

📝 분모가 같을 경우, <u>분자</u>가 클수록 더 큰 수가 된다.

분 모

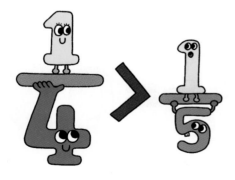

🏷 분수에서 가로줄 아래에 있는 수나 식.

📝 분자가 같을 경우, <u>분모</u>가 작을수록 더 큰 수가 된다.

진 분 수

🏷 분자가 분모보다 작은 분수.

📝 $\frac{1}{3}$은 1보다 작은 분수로 <u>진분수</u>라 한다.

가 분 수

뜻 분자가 분모와 같거나 분모보다 큰 분수.

예 $\frac{4}{3}$ 는 1보다 큰 분수로 <u>가분수</u>라 부른다.

대 분 수

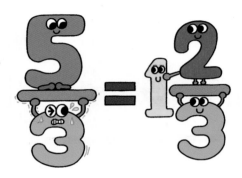

뜻 숫자와 진분수의 합으로 이루어진 수.

예 $\frac{5}{3}$ 은 $1\frac{2}{3}$ 처럼 <u>대분수</u>로 표현 할 수 있다.

단 위 분 수

뜻 분자가 1인 분수.

예 $\frac{1}{2}$, $\frac{1}{3}$, $\frac{1}{4}$ 은 분자가 1인 것으로 보아 모두 <u>단위 분수</u>이다.

소 수

뜻 일의 자리보다 작은 자리의 값을 가진 수.

예 $\frac{1}{2}$ 을 <u>소수</u>로 나타내면 0.5다.

자 연 수

🟣 **뜻** 1부터 시작하여 하나씩 더하여 얻는 수를 통틀어 이르는 말.

🟣 **예** 가장 작은 <u>자연수</u>는 1이며 0은 자연수가 아니다.

1 킬 로 그 램

🟣 **뜻** 질량을 재는 기본 단위로 1킬로그램은 1,000그램과 같음.

🟣 **예** 아빠는 <u>1킬로그램</u>인 호박을 사 오셨다.

1 리 터

🟣 **뜻** 부피를 나타내는 기본 단위로 1리터는 1,000밀리리터와 같음.

🟣 **예** 건강을 위해 나는 매일 우유 <u>1리터</u>를 꼭 마신다.

1 초

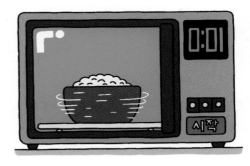

🟣 **뜻** 시간을 나타내는 기본 단위로 60초는 1분과 같음.

🟣 **예** 전자레인지 앞에서 마지막 <u>1초</u>는 너무 길게 느껴진다.

평면도형

뜻 **평평한 표면에 그린 도형.**

예 거울을 통해 평면 도형을 보면 좌우가 반대로 보인다.

지름

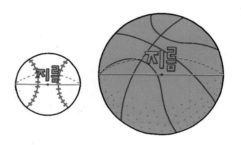

뜻 **원이나 구에서 중심을 지나는 직선.**

예 농구공이 야구공보다 지름이 더 길다.

직선

뜻 **양쪽으로 끝이 없는 곧은 선.**

예 두 점을 지나는 직선은 오직 하나뿐이다.

선분

뜻 **두 점 사이를 곧게 이은 선.**

예 선분은 시작과 끝이 있어서 길이를 알 수 있다.

뜻 한 점에서 갈리어 나간 두 개 반직선이 이루는 도형.

예 악어는 입을 벌릴 수 있는 각이 크다.

컴퍼스

뜻 그리려는 원의 크기에 맞춰 다리를 벌리고 오므릴 수 있는 기구.

예 컴퍼스를 사용하면 동그라미를 정확하게 그릴 수 있다.

삼각자

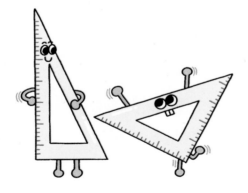

뜻 삼각형으로 된 자.

예 삼각자는 여러 개의 삼각형 모양으로 되어 있다.

그림그래프

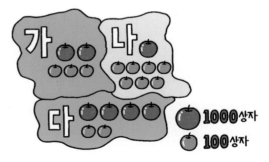

뜻 조사한 수를 간단한 그림으로 나타낸 그래프.

예 그림그래프는 지역이나 위치에 따라 수량의 많고 적음을 한눈에 알 수 있다.

사진 출처

셔터스톡   www.shutterstock.com/ko
국가유산청   www.khs.go.kr
국회도서관   www.nanet.go.kr
국립중앙박물관   www.museum.go.kr

도움을 준 학생들

다음은 '초등 어휘 이해도 진단' 이벤트에 참여한 학생들 이름입니다.

여러분의 참여가 저희 책에 중요한 밑거름이 되었습니다. 진심으로 감사드립니다.

혹시 이름이 빠지거나 잘못 기재된 분들은 NE능률(1833-8368)로 연락해 주시기를 바랍니다.

강서연	강승비	강채은	권다은	권단우	권보미	권소미	권주영	김경서	김고은
김도건	김동현	김민채	김서연	김세희	김소현	김수민	김수현	김시우	김시윤
김시현	김온유	김용하	김주연	김지언	김지용	김지우	김지율	김찬유	김태은
김학수	김한결	김한별	김호진	김효준	김수현	나서진	나윤하	남궁솔	남궁율
노현주	류시우	박서린	박예람	박예준	박은빈	박은서	박진기	박진모	방다윤
방서현	배재협	서하람	서해돈	송예원	송재율	송지은	신민규	신아성	심새본
안우석	안효근	양건준	양승혁	양시온	양한결	양현수	염준호	염채나	오승택
오연택	유강우	유상우	유지현	윤민석	윤민하	윤지후	이가연	이다빈	이다연
이다온	이도현	이서범	이서현	이선	이승우	이예찬	이유진	이유찬	이윤슬
이은우	이준	이지율	이창우	이채원	이태선	임현준	장성근	전지우	정다율
정한결	조유림	조유빈	조유이	조유환	조찬영	조하율	차시후	천소윤	최다연
최도윤	최윤서	최은서	최효서	최효주	한제인	허훈민	현승민	현정민	현진
홍지효	홍현승								

달달 읽고 곰곰 생각하는

달곰한 시리즈

NE 능률

어휘 강화!
교과 학습
기본기 강화

독해 강화!
분석력, 통합력,
사고력 강화

달곰한 문해력
기본서

초등교사 100인 추천!
'3회독 학습법'으로
문해력 기본기를 다져요.

달곰한 문해력
초등 어휘

'낱말밭 어휘 학습'으로
각 학년 필수 교과 어휘를
완성해요.

학습의
순환 구조에 따른
어휘력, 독해력
상호 강화!

달곰한 문해력
초등 독해

초등 최초! '주제 연결 독해법' 도입!
하나의 주제로 연결된
2개의 글을 읽어요.

달달 읽고 곰곰 생각하는

공부한 날짜   월   일
정답 및 해설 5쪽

국어 주제 02 문단은 어떻게 구성되어 있을까?

날말샘

나와 친구들은 신문 기사를 한 **문장**씩 소리 내어 읽었어요. 신문을 친구들과 같이 읽으니 전혀 지루하지 않았어요.

문 장

文 글월 문, 章 글월 장

신문 기사 제목에도 나와 있듯이 갯벌을 보호하자는 것이 우리가 함께 읽은 기사의 **중심** 내용이였어요.

중 심

中 가운데 중, 心 마음 심

친구들과 함께 갯벌에 관한 신문 기사를 읽었어요. 기사는 총 세 **문단**으로 이루어져 있었어요.

문 단

文 글월 문, 段 구분 단

뒷 받 침

갯벌을 보호하자는 의견을 **뒷받침**하기 위해 갯벌을 터전으로 살아가는 생물들의 모습을 보여주었어요.

글

오늘 읽은 **글**을 통해 갯벌에 관한 관심이 커졌어요. 그래서 갯벌과 관련 있는 다른 글도 찾아서 읽어 볼 거예요.

다음 글을 읽으며, 빈칸에 들어갈 날말을 날말밭에서 찾아 각각 써 보세요.

한 편의 완성된 **글** 에는 글쓴이가 전하려고 하는 주제가 담겨 있다. 글의 주제를 파악하는 방법을 알아보기 전에 글을 이루는 단위부터 알아보자.

우선 생각이나 감정을 말이나 글로 완성하여 표현하는 최소 단위를 **문 장** 이라고 한다. 이것이 하나의 주제로 여러 개 모여서 이루어진 것이 바로 **문 단** 이며, 이들이 모여 한 편의 글이 된다. 그렇기 때문에 글의 주제를 알기 위해서는 각각의 문단을 잘 살펴보아야 한다.

이제 글의 주제를 파악하는 방법을 알아보자. 문단 속에는 여러 문장들이 있고, 이들은 저마다 역할이 있다. 문단에서 말하고자 하는 가장 중요하고 기본이 되는 문장을 '**중 심** 장'이라고 한다. 그리고 이를 강조하거나 지지하고 도와주는 역할을 하는 문장을 '**뒷 받 침** 문장'이라고 한다. 그래서 각 문단에서 중심 문장을 찾으면 글 전체의 주제를 쉽게 파악할 수 있다.

날말샘 사전

확인 ✓

* **문단** 문장이 몇 개 모여서 한 가지 생각을 나타낸 것. ☐
* **문장** 여러 날말을 써서 하나의 완성된 뜻을 나타낸 것. ☐
* **중심** 가장 중요하고 기본이 되는 부분. ☐
* **뒷받침** 뒤에서 도와주는 일. 또는 그런 사람이나 물건. ☐
* **글** 이야기나 생각, 느낌 등을 여러 날말과 문장을 이어서 나타낸 것. ☐

16쪽   17쪽

국어 주제 02 날말샘 일일학습

정답 및 해설 5쪽

1단계 확인과 적용

01 다음 뜻을 가진 날말을 보기에서 찾아 쓰세요.

보기
문장   문단   뒷받침

(1) 문장이 몇 개 모여 한 가지 생각을 나타낸 것. (문단)
(2) 뒤에서 도와주는 일. 또는 그런 사람이나 물건. (뒷받침)
(3) 여러 날말을 써서 하나의 완성된 뜻을 나타낸 것. (문장)

02 다음 문장의 빈칸에 들어갈 날말을 찾아 선으로 이으세요.

(1) 나는 숙제 때문에 이순신 장군과 관련된 ___을/를 읽었다.   ㉠ 글
(2) 형은 이번 연극에서 처음으로 주변 역할이 아닌 ___ 역할을 맡았다.   ㉡ 중심

03 다음 문장의 빈칸에 들어갈 알맞은 날말을 보기에서 찾아 쓰세요.

보기
문단   뒷받침

(1) 나의 주장을 (뒷받침)할 수 있는 근거가 부족하다.
(2) 새로운 (문단)을 시작할 때는 한 칸을 들여 써야 한다.

해설 ●04 다음 밑줄 친 날말이 들어갈 알맞은 문장을 찾아 ○표 하세요.
①에는 '문장'이, ③에는 '뒷받침'이 들어가야 합니다.

우리나라 명절 중 추석에 관한 글을 읽었다.

① 문단의 첫 번째 ___에 밑줄을 그었다. (   )
② 세계여행을 하며 기록한 것을 모아 ___(으)로 썼다. (○)
③ 부모님의 헌신적인 ___ 덕분에 나는 성공할 수 있었다. (   )

05 다음 빈칸에 공통으로 들어갈 날말로 알맞은 것은 무엇인가요? (④)

마침표(.), 느낌표(!), 물음표(?) 등을 ___ 부호라고 한다. 이 중 어떤 ___ 부호를 사용하느냐에 따라 ___의 뜻이 달라진다. 예를 들어 "밥 먹어."는 밥을 먹고 있거나 어서 밥을 먹으라는 뜻이고, "밥 먹어?"는 밥을 먹고 있냐고 묻는 뜻이 된다.

① 글   ② 계획   ③ 문단   ④ 문장   ⑤ 문제

해설 ●06 다음 밑줄 친 부분과 뜻이 비슷한 날말은 무엇인가요? (⑤)
'중심'은 가장 중요하고 기본이 되는 부분이라는 뜻으로 '가장 중요한 부분'과 뜻이 비슷합니다.

양궁 선수들이 활을 쏠 때 목표로 삼는 것은 과녁의 중심으로, 이를 '정곡'이라고 한다. 우리가 흔히 사용하는 표현 '정곡을 찌르다.'는 어떤 일의 중요한 점을 콕 집어낼 때 쓴다. 그래서 '정곡'이 가장 중요한 부분을 뜻하기도 한다.

① 글   ② 구상   ③ 계획   ④ 자료   ⑤ 중심

2단계 활용

07 다음 보기와 같이 주어진 날말을 넣어 짧은 문장을 만들어 쓰세요.

보기
뒷받침
✎ 훌륭한 축구 선수가 되려면 먼저 실력이 뒷받침이 되어야 한다.

글
✎ 예) 선생님께서 쓰신 글은 내용이 어려워 이해하기 힘들다.

08 다음 두 날말을 모두 넣어 짧은 문장을 만들어 쓰세요.

문단   문장
✎ 예) 지금 읽는 문단의 마지막 문장에 글쓴이의 생각이 잘 드러나 있다.

18쪽   19쪽

공부한 날짜   월   일
정답 및 해설 6쪽

국어 주제 03 독서 감상문에는 어떤 내용이 들어갈까?

날말샘

책을 읽고 감상문을 쓰면 책 내용이나 감동이 더욱 오래 기억에 남는다고 아빠가 말씀해 주셨어요.

감상문
感 느낄 감, 想 생각 상, 文 글월 문

아빠와 책 읽기로 약속하게 된 동기는 『행복한 왕자』라는 책을 읽고 크게 감동을 했기 때문이에요.

동기 — 動 움직일 동, 機 틀 기

독서 — 讀 읽을 독, 書 글 서

3학년이 되면서 책을 꾸준히 읽어야겠다는 생각이 들었어요. 그래서 나는 일주일에 한 권씩 독서하기로 아빠와 약속했어요.

교훈 — 教 가르칠 교, 訓 가르칠 훈

줄거리
자신을 돌보지 않고 남을 돕는 왕자와 그런 왕자를 돕는 제비의 이야기가 『행복한 왕자』의 줄거리예요.

교훈
『행복한 왕자』를 읽고 왕자와 제비처럼 나도 누군가에게 도움을 주는 사람이 되어야겠다는 교훈을 얻었어요.

다음 글을 읽으며, 빈칸에 들어갈 날말을 날말밭에서 찾아 각각 써 보세요.

정부의 최근 조사에 따르면, 우리나라 성인 10명 가운데 6명은 1년 동안 **독서** 를 단 한 권도 하지 않은 것으로 나타났다. 책을 읽으면 지식과 지혜를 얻을 수 있고, 상상력이 풍부해지는 장점이 있다. 사람들이 책을 많이 읽고 즐길 수 있는 방법을 알아보자.
첫째, 하루나 일주일에 얼마만큼의 책을 읽을지 목표를 정하고 책을 읽는다. 이렇게 목표를 이루기 위해 책을 읽으면 날마다 책을 읽는 독서 습관을 기를 수 있다. 둘째, 책을 읽고 난 후 생각과 느낌을 담은 **감상문** 을 쓴다. 여기에는 내가 이 책을 선택하게 된 **동기** 과 책의 핵심 내용을 간단하게 **줄거리** , 책을 읽고 나서 깨달은 **교훈** 이 포함된다. 이렇게 글을 쓰면 읽은 책의 내용을 다시 한번 생각할 수 있으며, 독서 감상문만 봐도 책에 관한 좋은 기억이 떠오를 것이다. 셋째, 자신의 수준에 맞고 관심이 가는 책을 스스로 골라서 읽는 것이다. 이런 방법을 활용하면 책을 즐겁게 읽을 수 있을 것이다.

날말밭 사전

확인 ☑

● **독서** 책을 읽음.   ☐

● **감상문** 어떤 물건이나 현상을 보거나 듣고 나서 느낀 것을 쓴 글.   ☐

● **동기** 어떤 일이나 행동을 하게 된 까닭.   ☐

● **줄거리** 글이나 이야기에서 핵심이 되는 것을 간단하게 요약한 내용.   ☐

● **교훈** 행동이나 생활에 도움이 될 만한 가르침.   ☐

국어 주제 03

날말샘 일일학습

1단계 확인과 적용

정답 및 해설 6쪽

01 다음 날말의 뜻으로 알맞은 것을 보기에서 찾아 기호를 쓰세요.

보기
㉠ 행동이나 생활에 도움이 될 만한 가르침.
㉡ 어떤 물건이나 현상을 보거나 듣고 나서 느낀 것을 쓴 글.

(1) 교훈 (㉠)   (2) 감상문 (㉡)

02 다음 문장에 어울리는 날말을 찾아 ○표 하세요.
(1) 내가 줄넘기를 시작한 (교훈, (동기))은/는 살을 빼기 위해서였다.
(2) 어제 본 영화는 구성이 복잡해서 (감상문, (줄거리)) 파악이 어려웠다.

03 다음 문장의 밑줄 친 부분과 뜻이 비슷한 날말을 보기에서 찾아 쓰세요.

보기
독서   감상문

(1) 형과 나는 주말에 도서관에 가서 책을 읽고 국어 공부도 했다. (독서)
(2) 민영이는 자원봉사를 하고 느낀 점을 쓴 글로 교내 백일장에서 상을 받았다.
(감상문)

해설
빈칸 앞부분에 '살아가는 데 도움이 되는 것을 가르쳐 주는'이 나온 것으로 보아 '교훈'이 알맞습니다.

04 다음 빈칸에 들어갈 날말로 알맞은 것은 무엇인가요? (②)

'벼 이삭은 익을수록 고개를 숙인다'라는 속담은 교양이 있고 훌륭한 사람일수록 겸손해야 한다는 가르침을 준다. 이처럼 속담에는 옛날 사람들의 지혜와 우리가 살아가는 데 도움을 주는 ☐ 이/가 담겨 있다.

① 계획   ② 교훈   ③ 동기   ④ 문장   ⑤ 뒷받침

해설 ·········· **05** 다음 ㉠과 ㉡에 들어갈 알맞은 날말을 바르게 짝 지은 것은 무엇인가요?
㉠에는 '어떤 일이나 행동을 하게 된 까닭.'이라는 뜻의 '동기'가, ㉡에는 '책을 읽음.'이라는 뜻의 '독서'가 들어가야 합니다.
(③)

하준: 너 수의사가 되겠다고 생각한 ㉠ 이/가 뭐야?
영주: 우리 집 강아지가 아팠을 때 내가 치료해 주면 좋겠다고 생각했거든.
하준: 그렇다면 동물에 대해 많이 알아야겠구나.
영주: 응. 그래서 ㉡ 을/를 많이 하려고, 특히 동물과 관련된 책을 많이 읽을 거야.

① ㉠: 동기 - ㉡: 교훈   ② ㉠: 동기 - ㉡: 제작   ③ ㉠: 동기 - ㉡: 독서
④ ㉠: 교훈 - ㉡: 독서   ⑤ ㉠: 제작 - ㉡: 독서

06 다음 밑줄 친 날말과 뜻이 비슷한 날말은 무엇인가요? (④)

『팥죽 할머니와 호랑이』라는 책을 읽었다. 팥죽을 잘 쑤는 할머니가 호랑이에게 잡아먹힐 위기에 처하게 되었는데, 알밤과 자라, 송곳, 멍석, 지게가 나타나 할머니를 도와 호랑이를 물리쳤다는 이야기이다. 이 책을 읽고 작은 힘도 모이면 큰일을 해낼 수 있다는 가르침을 얻었다.

① 독서   ② 중심   ③ 동기   ④ 교훈   ⑤ 감상문

2단계 활용

07 다음 보기와 같이 주어진 날말을 넣어 짧은 문장을 만들어 쓰세요.

보기
독서
✎ 어릴 때부터 독서를 하는 습관을 길러야 한다.

(1) 동기
✎ 예 선생님께서 수영을 배우게 된 동기가 궁금합니다.

(2) 줄거리
✎ 예 오늘 본 영화의 줄거리를 먼저 말씀드리겠습니다.

공부한 날짜   월   일

05~08 낱말밭 주간학습

정답 및 해설 13쪽

01 다음 문장의 빈칸에 들어갈 낱말을 보기에서 찾아 쓰세요.

보기
| 단위 | 문제 | 지문 | 예시 |

(1) 선생님께서는 보고하는 글의 다양한 (예시)을/를 보여 주셨다.
(2) 우리는 다양한 (단위)을/를 이용해 길이나 넓이, 무게 등을 나타낸다.
(3) 수학 (문제)이/가 너무 어려워서 하나를 푸는 데 20분이 넘게 걸렸다.
(4) 학년이 올라가면 문제를 풀기 위해 읽어야 할 (지문) 길이가 길어진다.

02 다음 중 '그루'를 바르게 사용한 문장을 찾아 ○표 하세요.
① 할아버지 댁 마당에는 감나무 세 그루가 있다. (○)
② 아빠는 엄마에게 장미꽃이 여러 그루 섞인 꽃다발을 선물하셨다. ( )

03 다음 밑줄 친 낱말을 바르게 사용하여 말한 친구의 이름을 쓰세요.

채아: "운동화 한 켤레를 만들 때 전구를 일주일간 켠 만큼 이산화 탄소가 나온대."

하윤: "큰 나무 한 송이가 4인 가족이 쓸 산소를 내뿜는다고 하니까 나무를 많이 심어야겠어."

(채아)

04 다음 ⊙과 ⓒ에 들어갈 알맞은 낱말을 바르게 짝 지은 것은 무엇인가요? (⑤)

엄마: 우재야, 내일 할머니 생신 때 드릴 편지 다 썼어?
우재: 그럼요. 생신 축하드린다고 높임 표현도 알맞게 써었어요.
엄마: 할머니 같은 ⊙께는 공경하는 마음을 담아 높임말을 써야 해.
우재: 내일 할머니께서 오시면 ⓒ 바르게 인사 먼저 드리고 생신 축하 드린다고 말씀드릴 거예요.

① ⊙: 예의 - ⓒ: 문제   ② ⊙: 지문 - ⓒ: 공경   ③ ⊙: 대상 - ⓒ: 예시
④ ⊙: 웃어른 - ⓒ: 예시   ⑤ ⊙: 웃어른 - ⓒ: 예의

05 다음 ⊙~ⓒ 중 낱말의 쓰임이 알맞지 않은 것을 찾아 기호를 쓰세요.

⊙국어사전에서 '국', '밖', '부엌'을 찾아보면 받침은 다르지만 모두 [ㄱ]으로 ⓒ보기하는 것을 알 수 있다. 그리고 각 낱말이 실제로 사용되는 ⓒ용례도 함께 나와 있다.

(ⓒ)

06 다음 글을 읽고, 빈칸에 들어갈 알맞은 낱말을 쓰세요.

『징비록』은 조선 시대 학자인 유성룡이 임진왜란에 대해 쓴 책이다. 유성룡은 임진왜란 같은 일을 다시는 겪지 않길 바라는 마음으로 당시 있었던 일들과 활약했던 인물들에 대해서 사실적이면서도 객관적으로 서술했다.

→ 『징비록』의 서 술 방식

07 다음 빈칸에 공통으로 들어갈 낱말로 알맞은 것은 무엇인가요? (②)

우리나라가 일본에 주권을 빼앗기자 세계 지도 대부분은 우리의 '동해'를 '일본해'로 □□하였다. 이후 '동해'의 □□을/를 되찾고자 하는 우리나라 국민과 정부의 노력이 지속되면서 최근에는 '동해'를 '일본해'와 함께 □□한 지도가 늘어나고 있다.

① 뜻   ② 표기   ③ 공경   ④ 단위   ⑤ 예시

08 다음 빈칸에 들어갈 알맞은 낱말을 보기에서 찾아 쓰세요.

보기
| 예의 | 높임 | 보기 | 대상 |

웃어른을 ⊙(으)로 듣는 사람을 높이거나, 말하는 자신을 낮추면서 ⓒ 표현을 할 수 있다. 하지만 자기의 나라와 민족은 다른 사람에게 낮출 ⊙이/가 아니다. 그러므로 '우리'의 낮춤말인 '저희'를 사용한 '저희 나라'라는 표현은 사용되지 말아야 한다.

(1) ⊙: (대상)   (2) ⓒ: (높임)

[09~11] 다음 글을 읽고, 물음에 답하세요.

문자가 발명되기 전 조상들은 입에서 입으로 이야기를 전했다. 그러다 문자를 사용하기 시작하면서 조상들의 이야기를 기록할 수 있게 되었다. 그러면 문자를 최초로 발명한 곳은 어디일까?

고고학자들은 세계 최초로 문자를 사용한 흔적을 찾았다. 4천 년 전 수메르인들이 문자를 표기한 점토판을 발견한 것이다. 점토판에 표기한 이유는 주변에서 구하기 쉬운 재료이기 때문이었을 것이다. 강가에서 진흙을 퍼 와서 적당한 크기로 다듬은 후, 점토판이 마르기 전에 뾰족한 갈대로 글자를 새겼다. 이 글자의 모양이 쐐기 모양처럼 생겼다고 해서 '쐐기 문자'라고 부른다. 수메르인들이 남긴 점토판에는 이들이 ⊙공손히 받들어 모시는 신에게 바친 물건의 종류와 수, 신과 영웅의 이야기 등이 ⓒ□□되어 있었다.

글자를 다 쓴 다음에는 점토판을 햇빛에 말리거나 불에 구워 단단하게 만들었다. 이런 특성으로 인해 큰 화재가 나더라도 사라지지 않았다. 덕분에 고고학자들은 수천 년 전에 쐐기 문자로 쓰인 내용이 무엇을 의미하는지 그 ⓒ□□을/를 해석할 수 있게 된 것이다. 지금 우리가 수메르인들의 역사를 알 수 있는 것도 수메르인들이 남긴 점토판 덕분이라고 볼 수 있다.

▲ 수메르인의 점토판

09 ⊙과 뜻이 비슷한 낱말은 무엇인가요? (②)
① 지문   ② 공경   ③ 보기   ④ 대상   ⑤ 송이

10 ㉯와 ㉰에 들어갈 알맞은 낱말을 보기에서 찾아 쓰세요.

보기
| 뜻 | 자루 | 켤레 | 서술 |

(1) ㉯: (서술)   (2) ㉰: (뜻)

11 다음은 이 글의 제목입니다. 빈칸에 들어갈 알맞은 낱말은 무엇인가요? (②)

최초의 문자를 사용하여 점토판에 □□한 수메르인

① 발음   ② 표기   ③ 단위   ④ 예의   ⑤ 자루

디지털 속 한 문장

정답 및 해설 13쪽

다음을 보고, 그루라는 낱말을 넣어 기억에 남는 일을 문장이나 글을 쓰세요.

#그루
할머니 댁은 과수원을 해서 사과나무가 굉장히 많다. 할머니는 특별히 사과나무 한 그루에 있는 모든 사과는 내가 딸 수 있게 해 주셨다. 날은 더웠지만 사과를 따는 것은 재미있었다.

✏ 예 시골 할아버지 집 뒤에는 큰 밤나무 한 그루가 있다. 매년 가을이면 할아버지와 함께 밤나무 아래에서 밤을 줍는데, 올해도 할아버지 집에 가서 예쁜 밤을 많이 주울 것이다.

공부한 날짜   월   일
정답 및 해설 14쪽

사회 주제 01 우리가 사는 곳의 위치는 어디일까?

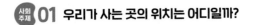

아빠는 수도권에서 가장 유명한 떡볶이 맛집이라고 알려 주셨어요. 나는 설레는 마음으로 입맛을 다셨어요.

내가 사는 지역의 떡볶이 맛집은 거의 다 가 봤어요. 그래서 이번에는 먼 지역으로 가기로 했어요.

수도권

지역 〉 地 땅 지, 域 지경 역

首 머리 수, 都 도읍 도, 圈 우리 권

위치 〉 位 자리 위, 置 둘 치

학교가 끝나고 아빠와 함께 떡볶이 맛집에 가기로 했어요. 아빠와 나는 전남 떡볶이 맛집의 위치를 찾아 두었지요.

行 다닐 행, 政 정사 정, 區 구분 구, 域 지경 역

地 땅 지, 方 모 방

행정 구역

한 시간 만에 도착한 떡볶이 맛집은 행정 구역으로는 인천광역시에 있는 곳이었어요. 소문대로 떡볶이 맛있었지요.

지방

사장님께서는 주말이 되면 떡볶이를 먹으려고 다른 지방에서 오는 손님도 많다고 하셨어요.

다음 글을 읽으며, 빈칸에 들어갈 낱말을 낱말밭에서 찾아 각각 써 보세요.

지구본이나 세계 지도를 보면 우리나라의 **위치** 를 알 수 있다. 지구본에 그려진 가로줄을 '위선', 세로줄을 '경선'이라고 하는데, 이 줄들을 중심으로 살펴볼 때 우리나라는 북위 33도~43도, 동경 124도~132도 사이에 위치한다.

남북으로 긴 우리나라는 산이나 강 같은 자연환경을 기준으로 삼아 **지역** 을 나누었다. 우리나라는 북부 지방, 중부 지방, 남부 지방으로 나눌 수 있으며, 북부 **지방** 는 6·25전쟁을 거치면서 지금은 북한 전체를 가리키게 되었다.

중부와 남부 지방이 속한 남한 **행정 구역** 크게 서울특별시와 부산, 대구, 인천, 광주, 대전, 울산 6개의 광역시, 경기, 강원, 충북, 충남, 전북, 전남, 경북, 경남, 제주 등의 도와 특별자치도, 그리고 세종 특별자치시 등으로 이루어져 있다. 이 중에서 서울특별시와 인천광역시, 경기도 지역을 합쳐서 **수도권** 라고 부른다.

낱말밭 사전

확인 ✓

* **위치** 사람이나 사물이 일정한 곳에 차지한 자리.
* **수도권** 수도와 수도 근처 지역.
* **지역** 기준에 의해 테두리를 정해 놓은 땅.
* **행정 구역** 행정 기관의 권한이 미치는 범위의 구역.
* **지방** ① 어느 한 방면의 땅. ② 한 나라의 수도 밖 지역.

정답 및 해설 14쪽

사회 주제 01 낱말밭 일일학습

1단계 확인과 적용

01 다음 낱말의 뜻으로 알맞은 것을 보기에서 찾아 기호를 쓰세요.

보기
㉠ 수도와 수도 근처 지역.
㉡ 기준에 의해 테두리를 정해 놓은 땅.
㉢ 사람이나 사물이 일정한 곳에 차지한 자리.

(1) 지역 (㉡)   (2) 위치 (㉢)   (3) 수도권 (㉠)

02 다음 문장의 빈칸에 들어갈 낱말을 보기에서 찾아 쓰세요.

보기
위치   수도권

(1) 우리 학교의 (위치)은/는 서울 한가운데이다.
(2) 오늘 밤 서울과 인천을 포함한 (수도권)에 많은 비가 내릴 예정이다.

해설 03
①에 알맞은 낱말은 '수도권'입니다.

03 다음 중 '행정 구역'을 바르게 사용한 문장을 찾아 ○표 하세요.

① 우리나라 인구는 행정 구역에 집중되어 있다. (   )
② 전라북도는 행정 구역 개편으로 전북특별자치도가 되었다. (○)

04 다음 빈칸에 들어갈 알맞은 낱말을 보기에서 찾아 쓰세요.

보기
위치   지방

우리나라는 과거에 산이나 강을 기준으로 지역을 나누었다. 현재 북한 전체를 가리키는 '북부 ㉠ '은/는 군사적으로 중요한 ㉡ 였던 철령 고개에 세워진 '철령관'을 기준으로 구분되었다.

(1) ㉠ : (지방)   (2) ㉡ : (위치)

해설 05
'수도와 수도 근처 지역.'을 뜻하는 '수도권'과 뜻이 비슷합니다.

05 다음 밑줄 친 부분과 뜻이 비슷한 낱말을 찾아 쓰세요.

수도권 집중 현상이 갈수록 심해지고 있다. 행정 안전부가 발표한 인구 통계에 따르면, 우리나라 수도인 서울과 서울 근처 지역에 사는 인구가 우리나라 전체 인구의 절반이 넘는다고 한다. 그중 청년들의 비중이 더 높은데, 수도권에는 일자리가 많기 때문이다. 이들은 일자리를 찾기 위해 지방을 떠나 수도권으로 오는 것이다.

(수도권)

해설 06
'위치'는 '사람이나 사물이 일정한 곳에 차지한 자리.'를 뜻합니다. 글에서는 지리적, 수리적, 관계적 위치를 설명하고 있기에 빈칸에 알맞은 낱말은 '위치'입니다.

06 다음 빈칸에 공통으로 들어갈 낱말로 알맞은 것은 무엇인가요? (①)

[   ]을/를 나타내는 방법에는 크게 세 가지가 있다. 지리적 [   ]은/는 대륙이나 바다를 기준으로 나타낸다. 그래서 우리나라의 지리적 [   ]은/는 '아시아 대륙의 동쪽 끝'이라고 표현할 수 있다. 수리적 [   ]은/는 세계 지도에 그려진 위선과 경선으로 표현하는 방법이다. 그리고 주변 나라들과의 관계에 따라 나타내는 관계적 [   ]도 있다.

① 위치   ② 지역   ③ 지방   ④ 수도권   ⑤ 행정 구역

2단계 활용

07 다음 보기와 같이 주어진 낱말을 넣어 짧은 문장을 만들어 쓰세요.

보기
위치
🖋 지도를 보면 찾으려고 하는 곳의 위치를 한눈에 알 수 있다.

(1) 지방
🖋 (예) 경기도는 중부 지방의 중심지이다.

(2) 행정 구역
🖋 (예) 행정 구역은 나라를 편리하게 다스리기 위해 땅을 나누어 놓은 것이다.

사회 주제 02 지도에는 무엇이 있을까?

낱말밭

보물 지도를 얻은 혜준이는 매우 기뻤어요. 등고선이 있는 곳에 보물 표시가 되어 있는 것을 보니 보물은 산에 있나 봐요.

등고선

等 같을 등, 高 높을 고, 線 선 선

지도에서 방위를 살펴보니 혜준이가 있는 곳에서 북쪽으로 걸어가면 나오는 산에 보물이 있었지요.

방위 ◁ 方 모 방, 位 자리 위

지도 ▷ 地 땅 지, 圖 그림 도

혜준이는 바닷가에서 놀다가 바위 틈에서 종이를 발견했어요. 그 종이는 보물이 있는 곳이 표시된 지도였어요.

記 기록할 기, 號 부르짖을 호

기호

혜준이는 지도에 나타난 논과 밭의 기호를 보고 길을 갔어요. 얼마쯤 가니 보물이 있다는 산이 보였어요.

縮 오그라들 축, 尺 자 척

축척

혜준이는 산에서 보물을 찾을 수 없었어요. 지도에 나온 축척을 제대로 보지 않아 보물이 있는 산을 지나갔기 때문이에요.

60쪽

다음 글을 읽으며, 빈칸에 들어갈 낱말을 낱말밭에서 찾아 각각 써 보세요.

놀이공원처럼 넓은 곳이나 낯선 장소에서 우리가 길을 잃지 않게 도움을 주는 **지도** 는 위에서 내려다본 땅의 실제 모습을 줄여서 그린 그림이다. 지도에서 땅의 실제 모습을 줄인 정도를 **축척** (이)라고 하는데, 축척에 따라 지도의 자세한 정도가 달라진다.

지도를 볼 때는 먼저 동서남북의 **방위** 를 확인해야 한다. 방위표에는 동서남북의 방향이 나타나 있다. 만약 지도에 방위표가 없다면 지도 위쪽이 북쪽, 아래쪽이 남쪽이라고 보면 된다.

지도에서는 모든 정보를 약속된 **기호** 를 사용해서 나타낸다. 학교나 병원 같은 건물뿐 아니라, 논과 밭도 기호로 나타낸다.

지도를 통해 땅의 높낮이도 확인할 수 있다. 그럴 때 사용하는 것이 **등고선** 색깔이다. 등고선의 간격이 넓을수록 경사가 완만하고, 좁을수록 경사가 급한 곳이다. 그리고 땅의 색깔이 진할수록 높은 곳이고, 옅을수록 낮은 곳이다.

낱말밭 사전

		확인✓
* **지도**	위에서 내려다본 땅의 실제 모습을 일정한 형식으로 줄여서 나타낸 그림.	☐
* **등고선**	지도에서 높이가 같은 곳을 연결하여 땅의 높낮이를 나타낸 선.	☐
* **방위**	동서남북을 기준으로 정한 방향상의 위치.	☐
* **기호**	어떤 뜻을 나타내는 데 쓰는 여러 가지 표시.	☐
* **축척**	지도에서 실제 거리를 줄인 정도.	☐

61쪽

사회 주제 02
낱말밭 일일학습

1단계 확인과 적용

정답 및 해설 15쪽

01 다음 낱말의 뜻으로 알맞은 것을 보기에서 찾아 기호를 쓰세요.

보기
ㄱ 지도에서 실제 거리를 줄인 정도.
ㄴ 어떤 뜻을 나타내는 데 쓰는 여러 가지 표시.
ㄷ 지도에서 높이가 같은 곳을 연결하여 땅의 높낮이를 나타낸 선.

(1) 기호 (ㄴ) (2) 축척 (ㄱ) (3) 등고선 (ㄷ)

02 다음 문장에 어울리는 낱말을 찾아 ○표 하세요.

(1) 지도에서 (기호 , 등고선)의 간격이 넓을수록 경사가 완만하다.
(2) 지도에는 자연환경이나 건물을 의미하는 다양한 (기호 , 축척)들이 있다.

03 다음 밑줄 친 낱말을 바르게 사용하여 말한 친구의 이름을 쓰세요.

혜린: 지도에서 기호는 방위표를 이용해서 4방위나 8방위로 나타내지.

민서: 동서남북에 북동, 남동, 남서, 북서를 더한 것이 8방위야.

(민서)

04 다음 ㉠과 ㉡에 들어갈 알맞은 낱말을 바르게 짝 지은 것은 무엇인가요? (③)

김정호가 만든 「대동여지도」에는 방안표가 있다 이는 실제로는 10리에 해당하는 거리를 한 변으로 나타낸 눈금표로, 지도에 적용된 약 16만분의 1의 (㉠)을/를 표시한 것이다. 또 「대동여지도」는 (㉡)을/를 사용하여 행정 구역과 군사 시설 등을 표시했다.

① ㉠: 기호 - ㉡: 방위   ② ㉠: 방위 - ㉡: 축척   ③ ㉠: 축척 - ㉡: 기호
④ ㉠: 축척 - ㉡: 등고선   ⑤ ㉠: 기호 - ㉡: 등고선

해설
㉠은 실제 거리를 줄인 정도인 '축척'이, ㉡은 지도에서 어떤 뜻을 나타내는 표시인 '기호'가 알맞습니다.

62쪽

해설
이 글은 지도에서 땅의 높낮이와 경사도를 알 수 있는 등고선에 대해 설명하고 있습니다. 따라서 빈칸에는 '등고선'이 들어가야 합니다.

05 다음 빈칸에 공통으로 들어갈 낱말로 알맞은 것은 무엇인가요? (⑤)

[   ]은/는 지도에서 같은 높이의 땅을 연결한 선으로 어느 쪽으로도 끊긴 곳이 없다. 이 [   ]을/를 통해 땅의 경사도를 알 수 있는데, 간격이 촘촘할수록 경사가 급하고 간격이 넓을수록 완만함을 나타낸다.

① 지도   ② 방위   ③ 기호   ④ 축척   ⑤ 등고선

해설
'축척'은 '지도에서 실제 거리를 줄인 정도.'를 뜻하기에 밑줄 친 부분과 뜻이 비슷합니다.

06 다음 밑줄 친 부분과 뜻이 비슷한 낱말을 찾아 쓰세요.

축척에 따라 지도에서 볼 수 있는 정보가 달라진다. 세계 지도를 보면 땅만 확인할 수 있고 세밀한 정보를 찾기 어렵다. 왜냐하면 지도에서 실제 거리를 줄인 정도가 굉장히 크기 때문이다. 이와 달리 목적지를 찾기 위한 지도 앱은 주변의 건물들이 자세히 나온다. 실제 거리를 줄인 정도가 작기 때문이다. 그러므로 목적에 따라 알맞은 축척의 지도를 봐야 한다.

(축척)

2단계 활용

07 다음 보기와 같이 주어진 낱말을 넣어 짧은 문장을 만들어 쓰세요.

보기
지도
✎ 지도를 보면서 목적지를 향해 걸었다.

방위
✎ 예 방위를 알면 사물의 위치를 정확하게 전달할 수 있다.

08 다음 두 낱말을 모두 넣어 짧은 문장을 만들어 쓰세요.

지도   등고선
✎ 예 등고선은 평면의 지도에서 땅의 높낮이를 표시하는 좋은 방법이다.

63쪽

사회 주제 03 과거를 어떻게 만날 수 있을까?

옛날에는 우리 동네에서 누에를 키웠대요. 누에를 기르는 방을 '잠실'이라고 하는데, 여기에서 지명이 생겼어요.

지명
地 땅 지, 名 이름 명

오금동은 오동나무로 가야금을 만드는 사람들이 모여든 것에서 이름이 유래했다는 이야기가 있어요.

유래
由 말미암을 유, 來 올 래

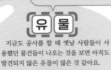

과거
過 지날 과, 去 갈 거

우리 동네는 높은 빌딩과 아름다운 호수가 있어요. 그런데 과거에는 현재와 다르게 강이 흐르던 곳이었요.

국가유산
國 나라 국, 家 집 가, 遺 남길 유, 産 낳을 산

우리 동네는 오래전에 백제의 수도이기도 했어요. 그래서 몽촌토성, 풍납토성 같은 백제 시대 국가유산이 많아요.

유물
遺 남길 유, 物 만물 물

지금도 공사를 할 때 옛날 사람들이 사용했던 물건들이 나오는 것을 보면 아직도 발견되지 않은 유물이 많은 것 같아요.

다음 글을 읽으며, 빈칸에 들어갈 날말을 날말밭에서 찾아 각각 써 보세요.

한반도는 옛날부터 우리 조상들이 살아온 땅이며, 긴 역사가 있다. 우리는 옛사람들이 살았던 **과거** 를 어떻게 알 수 있을까?

우선 각 도시나 마을의 이름을 통해 과거를 알 수 있다. 조선 시대 마포나루를 **유래** '마포'라는 **지명** 에서 이곳이 과거에 항구였음을 알 수 있다. 그리고 농사지을 때 사용한 농기구를 비롯해 칼이나 창 같은 무기, 밥그릇과 숟가락, 그림, 낚싯대와 등잔 등 조상들이 남긴 물건인 **유물** 를 통해서도 과거의 생활상을 알 수 있다.

특히 후손에게 전해 줄 만한 물건이니 **국가유산** (으)로 지정해 보호한다. 국가유산은 세 가지로 나뉘는데, 도자기나 불상 등 형태가 있는 것을 '문화유산'이라고 한다. 황새, 수달 같은 자연물은 '자연유산', 강릉 단오제처럼 일정한 형태가 없는 공연, 노래, 판소리 등은 '무형유산'이라 한다.

날말밭 사전

확인 ☑

* **과거** 이미 지나간 때.
* **지명** 나라, 도시, 마을, 산, 강 등의 이름.
* **유래** 일이나 물건이 생겨남. 또는 생겨난 곳이나 때.
* **국가유산** 사람이나 자연이 이루어 낸 것으로, 후손에게 전해 줄 만한 가치가 큰 물건이나 문화.
* **유물** 옛사람들이 남긴 물건.

사회 주제 03
날말밭 일일학습

1단계 확인과 적용

01 다음 날말의 뜻으로 알맞은 것을 보기에서 찾아 쓰세요.

보기
지명 과거 유물

(1) 이미 지나간 때. (**과거**)
(2) 옛사람들이 남긴 물건. (**유물**)
(3) 나라, 도시, 마을, 산, 강 등의 이름. (**지명**)

02 다음 초성을 보고 빈칸에 들어갈 알맞은 날말을 쓰세요.

(1) ㅈ ㅁ
'장승배기'는 장승이 많아서 붙여진 (**지명**)(이)다.

(2) ㅇ ㄹ
송편의 (**유래**)은/는 삼국 시대로 거슬러 올라간다.

03 다음 중 '국가유산'을 바르게 사용한 문장을 찾아 ○표 하세요.
① 이 공원은 국가유산에 쓰레기 매립지였다. ( )
② 해외로 빠져나간 소중한 국가유산이 7만 6천여 점에 달한다. (○)

04 다음 ㉠과 ㉡에 들어갈 알맞은 날말을 바르게 짝 지은 것은 무엇인가요? (③)

부산의 '해운대'라는 ㉠ 은/는 신라 학자 최치원과 관련이 있다. 당시 당나라에서 벼슬을 지낸 최치원은 신라로 돌아왔지만 낮은 신분 때문에 뜻을 펼치지 못했다. 이에 실망을 하여 고향으로 내려 가는 길에 우연히 지금의 해운대를 지나게 되었는데, 동백섬에 매료되어 절벽에 자신의 호 '해운'을 새겼다. 여기에서 '해운대'라는 ㉠ 이/가 ㉡ 되었다고 한다.

① ㉠: 과거 - ㉡: 지명 ② ㉠: 유물 - ㉡: 유래 ③ ㉠: 지명 - ㉡: 유래
④ ㉠: 지명 - ㉡: 유물 ⑤ ㉠: 유래 - ㉡: 국가유산

해설
(1)은 조상이 남긴 물건이므로 '유물'이, (2)는 옛날인 지나간 때이므로 '과거'가 알맞습니다.

해설
㉠은 해운대를 가리키는 말이기에 '지명'이, ㉡은 지명이 생겨난 것을 뜻하므로 '유래'가 알맞습니다.

05 다음 빈칸에 들어갈 날말을 보기에서 찾아 쓰세요.

보기
과거 유물

㉠ 에 살았던 조상들이 남긴 것 중 ㉡ 은/는 도자기, 옷, 책, 장신구 등 조상들이 사용했던 작은 물건들이며, 유적은 건축물, 싸움터, 왕의 무덤 등 주로 바깥에서 볼 수 있는 큰 구조물들이다. 예전에는 ㉡ 을/를 중심으로 ㉠ 을/를 연구했지만 오늘날에는 이 두 가지를 모두 연구한다.

(1) ㉠: (**과거**) (2) ㉡: (**유물**)

06 다음 빈칸에 공통으로 들어갈 날말로 알맞은 것은 무엇인가요? (⑤)

바닷속에 잠자고 있던 ____ 을/를 발견한 대표적인 사례는 주꾸미가 낚아 올린 고려 청자이다. 2007년 충남 태안에서 한 어민이 주꾸미 잡이를 나갔다. 몇몇 주꾸미들은 다리 빨판에 청자 조각을 붙인 상태로 잡혔고, 그중 한 마리는 청자 대접을 끌어안고 있었다. 이것을 계기로 약 2만 5천 점의 유물을 실은 '태안선'이라는 ____ 을/를 발굴하게 되었다.

① 지역 ② 방위 ③ 지명 ④ 기호 ⑤ 국가유산

2단계 활용

07 다음 보기와 같이 주어진 날말을 넣어 짧은 문장을 만들어 쓰세요.

보기
과거
앞으로 나가려면 과거를 딛고 미래를 보아야 한다.

(1) 지명
(예) 수빈이는 지명에 담긴 토박이말을 조사했다.

(2) 유물
(예) 유물을 통해 과거 선조들이 생활했던 모습을 알 수 있다.

사회 주제 04 다양한 가족의 모습을 알아볼까?

날말밭

선우네 엄마, 아빠는 해외에서 선우를 입양했어요. 한식을 먹고 자란 선우는 지금도 반찬을 가리지 않고 잘 먹어요.

입 양
入 들 입, 養 기를 양

지안이네는 아빠가 재혼하셔서 우리 집보다 가족이 많아요. 지안이는 동생들이 많아져서 피곤하지만 재밌대요.

재 혼
再 다시 재, 婚 혼인할 혼

가 족
家 집 가, 族 겨레 족

우리 가족은 엄마와 아빠, 여동생까지 모두 네 명이에요. 식구들이 하루 종일 북적북적해서 조용할 날이 없어요.

祖 할아비 조, 孫 손자 손

조 손

전학 온 민재는 조손 가정이에요. 할아버지가 민재를 매일 데려다주시는데, 내가 인사할 때마다 환하게 웃어 주세요.

獨 홀로 독, 身 몸 신

독 신

요즘에는 우리 이모처럼 독신 가정도 많아요. 이모는 결혼보다 좋아하는 여행을 즐기며 가는 것이 훨씬 행복하대요.

다음 글을 읽으며, 빈칸에 들어갈 낱말을 낱말밭에서 찾아 각각 써 보세요.

우리 모둠은 옛날과 오늘날 가족의 모습을 조사했습니다.

옛날에는 **가족** 모여 모두 함께 살았습니다. 농사일에는 일손이 많이 필요했기 때문에 결혼한 자녀도 따로 살지 않고 부모님과 함께 살았습니다. 이런 가족을 '확대 가족'이라고 부릅니다. 농사를 많이 짓지 않는 오늘날에는 자녀들이 결혼한 후에 따로 떨어져 사는 '핵가족'이 많습니다.

요즘에는 다양한 모습을 가진 가족들이 많습니다. 할아버지, 할머니와 손자, 손녀만으로 가족을 이루어 사는 **조손** 정이 있습니다. 다문화 가정은 서로 다른 국적과 문화를 가진 사람들이 가족을 이루는 것입니다. **입양** 가정은 자신이 낳지 않고, 입양을 통해 가족을 이룬 것입니다. 아빠나 엄마가 다시 결혼하여 재혼으로 두 가족이 한 가족이 되는 **재혼** 정도 있습니다. 최근에는 결혼하지 않고 혼자 사는 **독신** 정도 많아지고 있습니다.

날말밭 사전

확인 ✓

* **가족** 혼인한 부부나 부모 자식, 형제자매 관계인 사람들. ☐
* **입양** 법적인 절차를 거쳐 자신이 낳지 않은 사람을 자식으로 삼음. ☐
* **재혼** 결혼했던 사람이 다시 결혼함. ☐
* **조손** 할아버지, 할머니와 손자, 손녀를 이름. ☐
* **독신** 혼인하지 않고 혼자 사는 사람. ☐

사회 주제 04 날말밭 일일학습

1단계 확인과 적용

01 다음 낱말의 뜻으로 알맞은 것을 보기에서 찾아 기호를 쓰세요.

보기
㉠ 결혼했던 사람이 다시 결혼함.
㉡ 할아버지, 할머니와 손자, 손녀를 이름.
㉢ 법적인 절차를 거쳐 자신이 낳지 않은 사람을 자식으로 삼음.

(1) 입양 (㉢)   (2) 재혼 (㉠)   (3) 조손 (㉡)

02 다음 문장에 어울리는 낱말을 찾아 ○표 하세요.
(1) 고려 시대의 여성들은 이혼과 (조손 , 재혼)이 자유로웠다.
(2) 결혼에 대한 부담 때문에 혼자 사는 (독신 , 입양)이 늘고 있다.

03 다음 문장의 빈칸에 들어갈 낱말을 보기에 있는 글자 카드로 만들어 보세요.

보기
조   가   손   족

(1) 지유네는 할머니 할아버지와 사는 (조손) 가정이다.
(2) 사람들이 일자리를 찾아 도시로 이동하면서 (가족)의 규모가 작아졌다.

04 다음 빈칸에 공통으로 들어갈 낱말로 알맞은 것은 무엇인가요? (①)

옛날에는 ☐ 구성원의 역할이 뚜렷이 구분되어 있었다. 할아버지는 ☐의 중요한 일을 결정하였고, 아버지는 농사를 짓는 등 바깥일을 책임졌다. 어머니는 살림을 도맡았고, 할머니는 어머니를 도와주었다. 아들과 딸은 각각 아버지와 어머니의 일을 도왔다. 하지만 오늘날에는 ☐ 내에서 역할 구분이 점차 사라져 가고 있다.

① 가족   ② 입양   ③ 조손   ④ 재혼   ⑤ 독신

해설 05
㉠은 혼인하지 않고 혼자 사는 사람을 뜻하는 '독신'이, ㉡은 자신이 낳지 않은 아이를 자식으로 삼는다는 '입양'이 알맞습니다.

해설 06
'할아버지, 할머니와 손자, 손녀를 이르는 말.'인 '조손'은 밑줄 친 부분과 뜻이 비슷합니다.

해설
이 글은 전통적인 가족 구성원의 역할을 설명하고 있습니다. 그래서 빈칸에 들어가기에 알맞은 낱말은 '가족'입니다.

---

05 다음 ㉠과 ㉡에 들어갈 알맞은 낱말을 바르게 짝 지은 것은 무엇인가요? (④)

우리나라에 혼자 사는 ㉠ 가정이 늘고 있다. 혼자 살지만 아이를 키우고 싶은 사람도 늘어나면서 점차 ㉡에 관심이 커졌다. 2007년 이전에는 혼자 사는 사람이 ㉡ 하는 것은 법으로 금지되어 있었지만 법이 바뀌면서 혼자 사는 사람도 ㉡ 할 수 있게 되었다.

① ㉠: 재혼 - ㉡: 조손   ② ㉠: 조손 - ㉡: 재혼   ③ ㉠: 독신 - ㉡: 조손
④ ㉠: 독신 - ㉡: 입양   ⑤ ㉠: 재혼 - ㉡: 입양

06 다음 밑줄 친 부분과 뜻이 비슷한 낱말을 찾아 쓰세요.

부모의 이혼이나 재혼 등의 이유로 인해 할아버지, 할머니와 손자, 손녀만으로 이루어진 가정이 늘고 있다. 이런 조손 가정은 손주가 할아버지, 할머니와 함께 생활하며 지혜와 연륜을 배울 수 있는 장점이 있지만 조부모에게는 경제적인 어려움이나 양육에 대한 부담이 크다는 단점도 있다.

(조손)

2단계 활용

07 다음 보기와 같이 주어진 낱말을 넣어 짧은 문장을 만들어 쓰세요.

보기
가족
✏️ 옛날에는 모든 가족이 함께 모여 사는 확대 가족이 많았다.

(1) 입양
✏️ 예 옛날에는 집안의 제사를 모시기 위해 아들을 입양하기도 했다.

(2) 재혼
✏️ 예 조선 시대와 달리 고려 시대에는 여성의 재혼이 자유로웠다.

공부한 날짜   월   일

01~04 '낱말밭' 주간학습

정답 및 해설 18쪽

01 다음 문장에 어울리는 낱말을 찾아 ○표 하세요.

(1) 지도에서 (축척), 지역)을 보면 실제 거리를 알 수 있다.

(2) 우리나라 인구 2명 중 1명은 (수도권), 국가유산)에 살고 있다.

(3) '나 홀로 가정', '1인 가정'과 같은 (유래, 독신) 가정이 늘어나고 있다.

02 다음 문장의 빈칸에 들어갈 낱말을 보기에서 찾아 쓰세요.

> 보기
>
> 지방   조손   등고선

(1) (등고선)은 지도에서 구불구불한 곡선으로 나타난다.

(2) 나는 유명한 관광지보다 낯선 (지방)으로 여행가는 것을 좋아한다.

(3) (조손) 가정은 조부모와 손자, 손녀의 세대가 어우러지도록 힘써야 한다.

03 다음 밑줄 친 낱말을 바르게 사용하여 말한 친구의 이름을 쓰세요.

예진: 우리 방위는 바다와 산이 있어 살기에 좋은 곳으로 유명해.

지후: 그러면 농촌과 어촌 지역에서 나는 특산물이 모두 있겠구나. 부럽다.

(지후)

04 다음 ㉠~㉢ 중 낱말의 쓰임이 알맞지 않은 것을 찾아 기호를 쓰세요.

해설 이 글의 내용으로 보아 ㉢은 전해지는 물건을 뜻하기에 '유물'이 들어가야 합니다.

2019년 12월, 6·25 전쟁 때 잃어버린 ㉠국가유산 '대군주보'가 돌아왔다. 이것은 임금이 사용하던 도장으로 은색의 거북 모양 손잡이가 달려 있다. 고종이 우리나라의 국제적 ㉡위치를 높이기 위해 만들었다고 하며, 같은 시기에 만들어진 국새 중 유일하게 전하는 ㉢지명이다.

▲ 국새 대군주보

(㉢)

해설 **05**
앤은 고아였지만 매슈와 마릴라 남매의 가족이 되었다는 것으로 '입양'이 알맞습니다.

05 다음 빈칸에 공통으로 들어갈 낱말로 알맞은 것은 무엇인가요? (⑤)

루시 모드 몽고메리가 쓴 『빨강머리 앤』은 □□ 가족의 이야기를 다루고 있다. 고아인 앤 셜리가 매슈와 마릴라 남매에게 □□되어 성장하는 과정을 보여 준다. 무뚝뚝한 매슈는 밝은 성격의 앤을 처음부터 마음에 들어 하고, 엄격하던 마릴라도 앤의 진심을 알게 되어 셋은 진정한 가족이 된다.

① 위치   ② 재혼   ③ 조손   ④ 독신   ⑤ 입양

06 다음 밑줄 친 부분과 뜻이 비슷한 낱말을 찾아 쓰세요.

껌이 생겨난 곳은 중앙아메리카로 원주민인 마야족이 씹던 치클에서 유래했다. 오늘날에는 치클이 아닌 '나프타'를 원료로 하여 다양한 향신료를 넣어서 껌을 만든다.

(유래)

해설 **07**
㉠은 방위표로 찾을 수 있기에 '방위'가, ㉡은 북극성이 있는 곳을 뜻하므로 '위치'가 알맞습니다.

07 다음 ㉠과 ㉡에 들어갈 알맞은 낱말을 바르게 짝 지은 것은 무엇인가요? (⑤)

지도에 있는 방위표처럼 자연물을 이용하여 ㉠ 을/를 찾을 수 있다. 밤에 ㉡ 이/가 거의 변하지 않는 북극성이 있는 쪽이 북쪽이다. 또, 나무의 나이테를 보고 ㉠ 을/를 알 수도 있다. 나이테의 간격이 넓은 쪽은 남쪽, 간격이 좁은 쪽은 북쪽이다.

① ㉠ : 축척 - ㉡ : 지명   ② ㉠ : 방위 - ㉡ : 지명   ③ ㉠ : 지역 - ㉡ : 축척

④ ㉠ : 과거 - ㉡ : 기호   ⑤ ㉠ : 방위 - ㉡ : 위치

해설 **08**
오늘날과 조선 시대에 전국을 여러 지역으로 나눈 것을 뜻하므로, '행정 구역'이 알맞습니다.

08 다음 빈칸에 들어갈 낱말로 알맞은 것은 무엇인가요? (⑤)

우리나라의 □□□□은 조선 시대의 것을 뿌리로 삼고 있다. 한반도를 흔히 '조선 팔도'라고 부르는데, 조선의 제3대 왕인 태종이 전국을 8개의 도로 나누는 것에서 유래된 말이다.

① 입양   ② 축척   ③ 유물   ④ 등고선   ⑤ 행정 구역

[09~11] 다음 글을 읽고, 물음에 답하세요.

세계를 담아낸 「혼일강리역대국도지도」

「혼일강리역대국도지도」는 우리나라에서 만들어진 가장 오래된 세계 지도이다.

지도의 원본은 전하지 않고 현재는 베껴 그린 그림들만 전하고 있다. 현재 전하는 복사본을 살펴보면, 전체적으로 육지와 바다는 각각 다른 색으로 색칠해 구분했다. 나라 이름이나 수도 이름 같은 ㉠ 은/는 한자로 표기했다. 도시와 수도는 원과 사각형의 빨간색 ㉡ (으)로 나타냈다.

▲ 「혼일강리역대국도지도」

이 지도의 한가운데는 중국이 거대하게 그려져 있고, 중국의 오른쪽에는 우리나라가 실제 크기보다 크게 그려져 있다. 우리나라의 아래쪽에는 일본이 실제보다 작게 그려져 있다. 지도의 왼쪽 부분에는 아프리카와 아라비아 반도 등이 그려져 있는데, 이 지역들의 ㉠ 도 자세히 쓰여 있다.

「혼일강리역대국도지도」는 ㉢이미 지난간 때에 만들어진 지도 중 매우 독창적이며 당시 동아시아의 세계관을 반영한 지도라고 평가받는다.

해설
(1)은 나라 이름과 수도 이름이기에 '지명'이, (2)는 원과 빨간색 사각형으로 나타냈기에 '기호'가 들어가야 합니다.

09 ㉠과 ㉡에 들어갈 알맞은 낱말을 보기에서 찾아 쓰세요.

> 보기
>
> 지역   지명   축척   기호

(1) ㉠ : (지명)   (2) ㉡ : (기호)

10 ㉢과 바꾸어 쓸 수 있는 낱말은 무엇인가요? (②)

① 재혼   ② 과거   ③ 가족   ④ 유물   ⑤ 지역

11 다음은 이 글의 중심 내용입니다. 빈칸에 들어갈 알맞은 낱말은 무엇인가요? (④)

「혼일강리역대국도지도」는 당시의 세계관을 반영한 □□(이)라고 평가받는다.

① 방위   ② 지명   ③ 지방   ④ 지도   ⑤ 지역

해설
「혼일강리역대국도지도」는 오래되었지만 당시의 세계관을 반영한 지도라고 평가받습니다. 따라서 빈칸에 들어갈 알맞은 낱말은 '지도'입니다.

정답 및 해설 18쪽

🐢 디지털 속 한 문장

다음을 보고, 위치라는 낱말을 넣어 자신의 초등학교가 있는 곳을 알려 주는 문장이나 글을 쓰세요.

민정: 지민아, 그러면 이따가 3시에 영어 학원 앞에서 보자.

지민: 나 영어 학원의 위치를 모르겠어. 학교에서 가는 방법을 알려 줄래?

민정: 교문에서 오른쪽으로 오면 사거리가 나오고 그 길 건너에 문방구가 보일 거야. 영어 학원은 그 건물 2층에 있어.

지민: 고마워! 3시까지 영어 학원 앞으로 늦지 않게 갈게.

해설
초등학교의 위치를 떠올리며, '위치'라는 낱말을 넣어 다른 사람에 초등학교가 어디에 있는지 알려주는 글을 씁니다.

✎ 예 학교 위치는 우체국 건너편이야. 우리 집에서 학교를 가는 길은 쉬워. 집 대문에서 나와서 왼쪽 방향으로 가면 우체국이 있어. 그 맞은편에 내가 다니는 학교가 있어.

공부한 날짜   월   일

정답 및 해설 19쪽

사회 주제 05 다양한 촌락의 모습을 알아볼까?

낱말밭

아빠가 어린 시절 자란 곳들은 자연환경이 아름다워서 주말에 여행 겸 한번 돌아보기로 했어요.

자연환경
自 스스로 자, 然 그럴 연, 環 고리 환, 境 지경 경

아빠와 차 타고 가는 길에 근처 산지촌에 들렀어요. 마침 점심때가 되어서 점심으로 더덕구이를 먹었어요.

산지촌 山 산 산, 地 땅 지, 村 마을 촌

촌락 村 마을 촌, 落 떨어질 락

아빠는 어린 시절 다양한 촌락에서 살았다고 했어요. 할아버지 직업이 군인이셔서 이사를 자주 다녔기 때문이에요.

漁 고기잡을 어, 村 마을 촌

어촌

아빠가 초등학교 입학 전에 살았던 어촌에 갔어요. 그곳에서 고기잡이배와 그물을 손질하는 사람들을 볼 수 있어요.

農 농사 농, 村 마을 촌

농촌

아빠가 초등학생일 때 살았던 농촌에 들렀어요. 벼가 가득한 들판을 보니 마음까지 시원해졌어요.

다음 글을 읽으며, 빈칸에 들어갈 낱말을 낱말밭에서 찾아 각각 써 보세요.

아주 먼 옛날, 사람들이 강 주변에 모여 살면서 **촌락**이 생겨났다. 강 주변은 생활하거나 농사지을 때 필요한 물이 풍부하기 때문이다. 그러다가 점점 사는 곳이 넓어지면서 촌락은 농촌과 어촌, 산지촌으로 나뉘었다.

농촌에 사는 사람들은 땅을 이용해서 살아간다. 넓은 논과 밭에서 우리가 주로 먹는 곡식이나 채소 등을 키운다.

어촌에 사는 사람들은 대부분 바다를 이용해서 산다. 주로 바다에서 물고기를 잡고, 김이나 미역을 기른다. 농촌처럼 논과 밭에서 농사를 짓기도 한다.

산지촌에 사는 사람들은 산을 이용해서 살아간다. 산에서 나무를 베거나 가축을 키우거나, 약초나 버섯을 채취하며 생활한다.

이렇게 촌락에 사는 사람들은 **자연환경**과 밀접한 관계를 맺고 살아간다. 그래서 이들은 날씨의 영향을 많이 받는다.

낱말밭 사전   확인 ✓

* **촌락** 주로 시골에서 여러 집이 모여 사는 작은 마을. ☐
* **자연환경** 산, 강, 바다처럼 자연이 이룬 환경. ☐
* **산지촌** 목축이나 밭농사를 하는 사람들이 모여 사는 산지 마을. ☐
* **어촌** 고기잡이를 하는 사람들이 모여 사는 바닷가 마을. ☐
* **농촌** 농사짓는 사람들이 모여 사는 마을. ☐

사회 주제 05 낱말밭 일일학습

정답 및 해설 19쪽

1단계 확인과 적용

01 다음 뜻을 가진 낱말을 보기에서 찾아 쓰세요.

보기
촌락   농촌   어촌

(1) 농사짓는 사람들이 모여 사는 마을. (**농촌**)
(2) 주로 시골에서 여러 집이 모여 사는 작은 마을. (**촌락**)
(3) 고기잡이를 하는 사람들이 모여 사는 바닷가 마을. (**어촌**)

02 다음 문장의 빈칸에 들어갈 낱말을 보기에서 찾아 쓰세요.

보기
농촌   자연환경

(1) 힘든 농사일이 싫어서 **농촌**을 떠나는 사람들이 많다.
(2) **자연환경**에 따라 사람들이 사는 방식이나 문화가 다르다.

03 다음 문장 중 밑줄 친 낱말이 바르게 사용된 것을 찾아 ○표 하세요.

① 비가 그치고 나서 산지촌 사람들은 배를 타고 바다로 나갔다. ( )
② 연구원들은 사막에서 자연환경을 극복하고 식물 재배에 성공했다. (○)

04 다음 ㉠과 ㉡에 들어갈 알맞은 낱말을 바르게 짝 지은 것은 무엇인가요? (②)

시온: 촌락에서는 무엇보다도 날씨가 중요한 것 같아.
규호: 농사를 짓는 ㉠ 에서는 비가 적게 오면, 농작물이 죽을 수 있어.
시온: ㉡ 사람들은 태풍이 오면 높은 파도와 비바람 때문에 바다에 나갈 수 없어.

① ㉠: 어촌 - ㉡: 농촌
② ㉠: 농촌 - ㉡: 어촌
③ ㉠: 촌락 - ㉡: 산지촌
④ ㉠: 자연환경 - ㉡: 농촌
⑤ ㉠: 자연환경 - ㉡: 산지촌

해설
㉠은 농사를 짓는다는 표현에서 '농촌'이, ㉡은 바다의 영향을 많이 받는 '어촌'이 들어가야 합니다.

해설 05
'높은 산과 골짜기', '목장', '스키장' 등의 표현을 통해 빈칸에 들어갈 알맞은 낱말은 '산지촌'입니다.

해설 06
'사람이 만든 환경.'과 뜻이 반대인 것은 '산, 강, 바다처럼 자연이 이룬 환경.'을 뜻하는 '자연환경'입니다.

05 다음 빈칸에 공통으로 들어갈 낱말로 알맞은 것은 무엇인가요? (④)

[____]에는 높은 산과 골짜기가 많아서 농사지을 수 있는 땅이 적다. 그래서 산비탈을 일구어 배추나 감자 등을 심거나, 목장에서 소나 양을 키우며 살아간다. 최근에는 [____]에서 하는 일이 더욱 다양해지고 있다. 사람들에게 휴식을 주는 캠핑장을 운영하고, 스키장 등 관광 자원을 개발하여 소득을 올리기도 한다.

① 농촌   ② 어촌   ③ 촌락   ④ 산지촌   ⑤ 자연환경

06 다음 밑줄 친 부분과 뜻이 반대되는 낱말을 찾아 쓰세요.

사람이 모여 사는 곳은 풀이나 바다, 산 같은 자연환경뿐 아니라 교통 같은 사람이 만든 환경에 서로 영향을 받는다. 우리나라는 옛날부터 교통이 편리한 나루터를 중심으로 사람들이 모여 살았다. 나루터처럼 사람들이 오가며 붐비던 곳에 사람들이 살기 시작하면서 도시로 발전했다.

(**자연환경**)

2단계 활용

07 다음 보기와 같이 주어진 낱말을 넣어 짧은 문장을 만들어 쓰세요.

보기
농촌
✎ 농사를 짓는 농촌에는 농업과 관련된 시설들이 많다.

자연환경
✎ (예) 사막은 사람이 살기 어려운 자연환경을 가지고 있다.

08 다음 두 낱말을 모두 넣어 짧은 문장을 만들어 쓰세요.

어촌   산지촌
✎ (예) 나루터에는 어촌에서 잡은 물고기, 산지촌에서 캔 약초 등이 모두 들어왔다.

공부한 날짜　월　일

정답 및 해설 20쪽

사회 주제 06 지역 사회의 문제를 어떻게 해결할까?

주민 자치 위원회에서는 학생과 주민의 안전을 위해 인도와 차도 사이를 분리하는 시설을 설치하자고 제안했어요.

자치

自 스스로 자, 治 다스릴 치

우리 학교 학생들도 분리대가 설치되길 바랐어요. 그래서 사람이 많이 오는 지역 축제 날 서명 운동을 할 계획이에요.

서명

署 관청 서, 名 이름 명

지역 사회

地 땅 지, 域 지경 역, 社 모일 사, 會 모일 회

내가 사는 지역 사회는 인도와 차도가 구분되어 있지 않은 곳이 있어요. 그래서 학교에 갈 때 가끔 차도로 걸어가 해요.

公 공변될 공, 聽 들을 청, 會 모일 회

공청회

시민 단체에서는 공청회를 열어서 분리대 설치에 대해 전문가와 시민들의 의견을 듣기로 했어요.

共 함께 공, 同 같을 동, 體 몸 체

공동체

분리대 설치가 완료될 때까지 마을 공동체에서 학생들이 학교를 안전하게 다닐 수 있게 도와주기로 했어요.

82쪽

다음 글을 읽으며, 빈칸에 들어갈 낱말을 낱말밭에서 찾아 각각 써 보세요.

2018년 부산 교육청은 '대변초등학교'를 '용암초등학교'로 이름을 바꾸었다. 그동안 대변초등학교 학생들과 졸업생들은 주변에서 '똥 학교'라는 놀림을 받아 왔다. 2017년 당시 5학년이던 하○○ 군은 전교 부회장 선거에 나섰고, '학교의 이름을 바꾸겠다.'라는 공약을 걸었다. 학생들의 뜨거운 응원을 받고 당선된 하○○ 군은 친구들과 함께 【지역 사회】 열리는 축제 행사장을 돌아다니며 학교 이름을 바꾸는 데 동의하는 사람들의 자필 【서명】를 받았다. 뜻을 함께하는 시민과 공무원 등 지역 【공동체】을 보냈다. 학교도 학생, 졸업생 등으로 이루어진 【자치】 기구를 만들어 학교 이름에 관한 의견을 나누었다. 이후 전문가들까지 포함하여 수차례 【공청회】 열었고, 학교의 이름을 지역의 옛 이름을 따서 '용암'으로 정했다. 이렇게 대변초등학교는 1963년 학교가 문을 연 이래 끊임없는 논란의 대상이 되었던 이름을 바꾸게 되었다.

낱말밭 사전

확인 ☑

* **지역 사회** 한 지역에서 사람들이 함께 살아가는 곳.

* **자치** 자기 일을 스스로 다스림.

* **서명** 자기의 이름을 써넣음.

* **공청회** 중요한 결정을 하기 전에 여러 사람의 의견을 들으려는 모임.

* **공동체** 생활이나 활동 또는 목적 등을 같이하는 무리.

83쪽

정답 및 해설 20쪽

사회 주제 06 낱말밭 일일학습

1단계 확인과 적용

01 다음 뜻을 가진 낱말을 보기에서 찾아 쓰세요.

보기

　자치　　공청회　　공동체

(1) 자기 일을 스스로 다스림. (자치)

(2) 생활이나 활동 또는 목적 등을 같이하는 무리. (공동체)

(3) 중요한 결정을 하기 전에 여러 사람의 의견을 들으려는 모임. (공청회)

02 다음 문장에 어울리는 낱말을 찾아 ○표 하세요.

(1) 고속 도로 건설에 대한 의견을 받고자 (공동체, (공청회))가 열렸다.

(2) 학생들은 ((자치), 서명) 기구를 통해 민주주의를 배우고 경험할 수 있다.

03 다음 밑줄 친 낱말을 바르게 사용하여 말한 친구의 이름을 쓰세요.

채은: 가족은 인간이 태어나서 처음 만나는 공동체야.

도윤: 학생회는 학생의 대표적인 서명 활동이지.

(채은)

04 다음 ⊙과 ⓒ에 들어갈 알맞은 낱말을 바르게 짝 지은 것은 무엇인가요? (⑤)

서준: 정안아, 너도 여기에 이름이랑 주소 좀 써 줘.

정안: 쓰레기 문제를 해결하기 위해 ⊙ 운동을 하고 있구나.

서준: 맞아. 우리가 살고 있는 ⓒ 에 쓰레기가 잘 치워지지 않는 문제를 해결하고 싶어.

① ⊙: 서명 - ⓒ: 자치　　　② ⊙: 자치 - ⓒ: 공청회

③ ⊙: 자치 - ⓒ: 공동체　　④ ⊙: 서명 - ⓒ: 공청회

⑤ ⊙: 서명 - ⓒ: 지역 사회

해설 05
이 글은 지역의 문제를 스스로 해결해 나가는 제도를 설명하고 있습니다. 따라서 빈칸에는 '자기 일을 스스로 다스림.'을 뜻하는 '자치'가 어울립니다.

해설 06
'사람들이 모여 이룬 모임.'은 '생활이나 활동 또는 목적 등을 같이하는 무리.'인 '공동체'와 뜻이 비슷합니다.

해설
⊙은 자기의 이름을 써넣는 '서명'이, ⓒ은 한 지역에서 사람들이 함께 살아가는 곳을 뜻하는 '지역 사회'가 들어가야 합니다.

05 다음 빈칸에 공통으로 들어갈 낱말로 알맞은 것은 무엇인가요? (②)

지방 [　　] 은/는 그 지방의 문제를 지역 주민이 뽑은 사람들과 지역 주민이 스스로 처리하는 제도이다. 우리나라에서는 1949년에 시작됐지만, 1960년대 이후 30여 년 동안 맥이 끊긴 채 사라졌다. 이후 1991년 지방 의회 의원을 뽑는 선거를 실시하면서 지방 [　　] 제도는 다시 시작되었다.

① 서명　② 자치　③ 공동체　④ 공청회　⑤ 지역 사회

06 다음 밑줄 친 부분과 뜻이 비슷한 낱말을 찾아 쓰세요.

농사를 지을 때, 모내기나 김매기 철이 되면 매우 바빠서 많은 일손이 필요하다. 그래서 마을 사람들은 일을 같이하는 무리인 '두레'라는 공동체를 만들어 바쁠 때 서로 도왔다. 이와 비슷한 형태로 '두레'보다 규모가 작은 일에 행해졌던 '품앗이'도 있다.

(공동체)

2단계 활용

07 다음 보기와 같이 주어진 낱말을 넣어 짧은 문장을 만들어 쓰세요.

보기

지역 사회

✎ 우리는 지역 사회에서 벌어지는 일에 관심을 가져야 한다.

공청회

✎ 예 정부에서 게임 산업을 건전하게 발전시키기 위한 공청회를 열었다.

08 다음 두 낱말을 모두 넣어 짧은 문장을 만들어 쓰세요.

서명　　지역 사회

✎ 예 청년들이 지역 사회의 문제 해결을 위해 서명 운동을 벌였다.

84쪽　85쪽

사회 주제 **07** 옛사람들의 풍습에는 무엇이 있을까?

정답 및 해설 21쪽

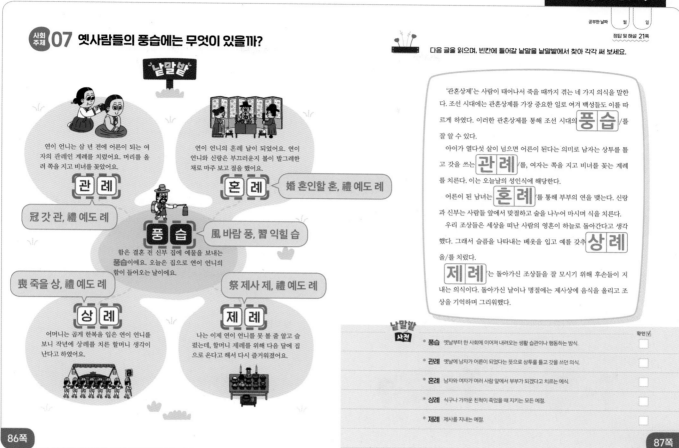

낱말밭

관례
冠 갓 관, 禮 예도 례

연이 언니는 삼 년 전에 어른이 되는 여자의 관례인 계례를 치렀어요. 머리를 올려 쪽을 지고 비녀를 꽂았어요.

혼례
婚 혼인할 혼, 禮 예도 례

연이 언니의 혼례 날이 되었어요. 연이 언니와 신랑은 부끄러운지 볼이 발그레한 채로 마주 보고 절을 했어요.

풍습
風 바람 풍, 習 익힐 습

함은 결혼 전 신부 집에 예물을 보내는 풍습이에요. 오늘은 집으로 연이 언니의 함이 들어오는 날이에요.

상례
喪 죽을 상, 禮 예도 례

어머니는 곱게 한복을 입은 연이 언니를 보니 작년에 상례를 치른 할머니 생각이 난다고 하셨어요.

제례
祭 제사 제, 禮 예도 례

나는 이제 연이 언니를 못 볼 줄 알고 슬펐는데, 할머니 제례를 위해 다음 달에 집으로 온다고 해서 다시 즐거워졌어요.

다음 글을 읽으며, 빈칸에 들어갈 낱말을 낱말밭에서 찾아 각각 써 보세요.

'관혼상제'는 사람이 태어나서 죽을 때까지 겪는 네 가지 의식을 말한다. 조선 시대에는 관혼상제를 가장 중요한 일로 여겨 백성들도 이를 따르게 하였다. 이러한 관혼상제를 통해 조선 시대의 **풍습** 를/을 잘 알 수 있다.

아이가 열다섯 살이 넘으면 어른이 된다는 의미로 남자는 상투를 틀고 갓을 쓰는 **관례** 를, 여자는 쪽을 지고 비녀를 꽂는 계례를 치른다. 이는 오늘날의 성인식에 해당한다.

어른이 된 남녀는 **혼례** 를 통해 부부의 연을 맺는다. 신랑과 신부는 사람들 앞에서 맞절하고 술을 나누어 마시며 식을 치른다.

우리 조상들은 세상을 떠난 사람의 영혼이 하늘로 돌아간다고 생각했다. 그래서 슬픔을 나타내는 베옷을 입고 예를 갖춰 **상례** 을/를 치렀다.

제례 는 돌아가신 조상들을 잘 모시기 위해 후손들이 지내는 의식이다. 돌아가신 날이나 명절에는 제사상에 음식을 올리고 조상을 기억하며 그리워했다.

낱말밭 사전

* **풍습** 옛날부터 한 사회에 이어져 내려오는 생활 습관이나 행동하는 방식.   확인 ☑ □
* **관례** 옛날에 남자가 어른이 되었다는 뜻으로 상투를 틀고 갓을 쓰던 의식.   □
* **혼례** 남자와 여자가 여러 사람 앞에서 부부가 되겠다고 치르는 예식.   □
* **상례** 식구나 가까운 친척이 죽었을 때 지키는 모든 예절.   □
* **제례** 제사를 지내는 예절.   □

사회 주제 **07**

낱말밭 일일학습

정답 및 해설 21쪽

1단계 확인과 적용

01 다음 낱말의 뜻으로 알맞은 것을 보기에서 찾아 기호를 쓰세요.

보기
㉠ 식구나 가까운 친척이 죽었을 때 지키는 모든 예절.
㉡ 남자와 여자가 여러 사람 앞에서 부부가 되겠다고 치르는 예식.
㉢ 옛날에 남자가 어른이 되었다는 뜻으로 상투를 틀고 갓을 쓰던 의식.

(1) 관례 (㉢)   (2) 혼례 (㉡)   (3) 상례 (㉠)

02 다음 문장의 빈칸에 들어갈 낱말을 보기에서 찾아 쓰세요.

보기
상례   제례

(1) 조상님을 기리기 위해 매년 (제례)를 지낸다.
(2) 옛날에는 부모님이 돌아가시면 5일 또는 7일 동안 (상례)를 치렀다.

03 다음 문장 중 밑줄 친 낱말이 바르게 사용된 것을 찾아 ○표 하세요.

① 미국은 추수 감사절에 칠면조 요리를 먹는 풍습이 있다. (○)
② 옛날에 혼례를 치를 때는 삼베로 지은 옷과 짚신을 신었다. ( )

04 다음 ㉠과 ㉡에 들어갈 알맞은 낱말을 바르게 짝 지은 것은 무엇인가요? (③)

우리나라와 베트남의 전통 ㉠ 은/는 비슷한 점이 있다. 우선 우리가 한복을 입었듯이 베트남 사람들도 '아오자이'라는 전통 옷을 입고 결혼한다. 그리고 동네 사람들이 모여 함께 음식 준비를 하고 잔치를 벌인다. 다른 점은 우리나라는 신부 집에서 결혼식을 한 번만 올리지만, 베트남에서는 신랑과 신부의 고향에서 각각 결혼식을 올리는 ㉡ 이/가 있다.

① ㉠: 관례 – ㉡: 상례   ② ㉠: 제례 – ㉡: 관례   ③ ㉠: 혼례 – ㉡: 풍습
④ ㉠: 풍습 – ㉡: 제례   ⑤ ㉠: 상례 – ㉡: 풍습

해설
㉠ 뒷부분에 결혼식에 대한 설명으로 미루어 '혼례'가, ㉡은 베트남에서 옛날부터 이어져 오는 생활 습관이나 행동하는 방식을 뜻하므로 '풍습'이 알맞습니다.

해설
(1)은 부모님이 돌아가셨을 때 치르는 것이기에 '상례'가, (2)는 죽은 사람을 기리는 것이므로 '제례'가 들어가야 합니다.

05 다음 빈칸에 들어갈 알맞은 낱말을 보기에서 찾아 쓰세요.

보기
제례   상례

옛날에는 부모님이 돌아가시면 ㉠ 를 치른 후, 자식은 그 무덤 옆에 작은 초막을 지어서 삼 년 동안 무덤을 지켰는데, 이를 '시묘'라고 한다. 율곡은 부모님의 시묘를 모두 마치고 벼슬길에 나간 것으로 유명하다. 율곡이 태어난 강릉에서는 율곡을 기리는 ㉡ 를 지내는데 이를 '율곡제'라 한다.

(1) ㉠: (상례)   (2) ㉡: (제례)

06 다음 밑줄 친 부분과 뜻이 비슷한 낱말은 무엇인가요? (①)

음력 5월 5일인 단옷날에는 옛날부터 이어져 내려오는 습관으로 여자들은 창포물에 머리를 감았고 남자들은 씨름을 했다. 또, 단오는 더위가 시작되므로 여름을 건강하게 보내라는 뜻에서 부채를 선물하는 풍습도 있었다.

① 풍습   ② 관례   ③ 혼례   ④ 제례   ⑤ 상례

2단계 활용

07 다음 보기와 같이 주어진 낱말을 넣어 짧은 문장을 만들어 쓰세요.

보기
풍습
✍ 크리스마스에 선물을 주고받는 것은 서양의 풍습에서 유래했다.

관례 ✍ 예) 옛날에 관례를 치른 남자들은 갓을 쓰고 다녔다.

08 다음 두 낱말을 모두 넣어 짧은 문장을 만들어 쓰세요.

풍습   제례
✍ 예) 제례는 조상에게 제사를 지내는 풍습이다.

정답 및 해설 **21**

사회 주제 **08** 은행은 어떤 일을 할까?

날말밭

민지는 세뱃돈 받은 것을 모아 예금을 하기로 했어요. 책상 속에 모으는 것보다 돈을 안전하게 보관할 수 있어요.

예 금

預 미리 예, 金 쇠 금

민지는 차례를 기다리면서 적금 상품을 봤어요. 일정한 돈을 매달 꼬박꼬박 넣을 자신이 없어서 적금을 포기했어요.

적 금   積 쌓을 적, 金 쇠 금

은 행   銀 은 은, 行 다닐 행

민지는 학교가 끝나고 은행 앞에서 엄마와 만나기로 했어요. 민지와 엄마는 각각 은행에서 해야 할 중요한 일이 있어요.

貸 빌릴 대, 出 날 출

대 출

엄마는 다음 달에 이사 가는 것 때문에 은행에 왔어요. 이사 가는 데 돈이 조금 부족해서 대출을 받아야 해요.

利 이로울 이, 子 아들 자

이 자

민지는 나중에 받을 이자 생각에 웃음이 났지만, 엄마는 돈을 갚을 때 내야 할 이자 때문에 한숨이 나왔어요.

90쪽

🌱 다음 글을 읽으며, 빈칸에 들어갈 낱말을 낱말밭에서 찾아 각각 써 보세요.

우리는 보통 돈을 저금하거나 저금한 돈을 찾을 때 **은 행** 간다. 은행은 이러한 일뿐만 아니라 돈과 관련된 다양한 업무를 처리한다. 그렇다면 은행에서 어떤 일을 하는지 알아보자.

은행에서 가장 많이 하는 일은 바로 저축과 관련된 업무이다. 저축은 크게 두 가지로 나눌 수 있다. **예 금** 는 사람들이 은행에 돈을 맡겨 두는 것이고, **적 금** 는 매번 일정한 돈을 은행에 맡기고 정해진 기간이 지난 후에 찾는 것이다. 이렇게 돈을 맡겨 두었다 찾으면 은행으로부터 **이 자** 를 함께 받는다. 은행이 이자를 줄 수 있는 이유는 은행 역시 돈이 필요한 기업이나 사람들에게 **대 출** 을/를 해 주고 그 대가로 이자를 받기 때문이다.

이외에도 은행은 외국 돈을 우리나라 돈으로 바꾸거나 우리나라 돈을 외국 돈으로 바꾸어 주는 외환 업무를 한다. 또 각종 세금이나 공과금을 받아 주고, 금고에 중요한 물건을 대신 보관해 주는 일도 한다.

날말밭 사전

	확인☑
* **은행** 저금을 맡아 주거나 돈을 빌려주는 기관.	☐
* **예금** 은행에 돈을 맡기는 일이나 맡긴 돈.	☐
* **적금** 일정 금액을 일정 기간 동안 낸 후 찾는 저금.	☐
* **대출** 돈이나 물건 등을 빌려주거나 빌림.	☐
* **이자** 돈을 빌려 쓴 대가로 치르는 일정한 비율의 돈.	☐

91쪽

사회 주제 **08** 날말밭 일일학습

1단계 확인과 적용

01 다음 뜻을 가진 낱말을 보기에서 찾아 쓰세요.

보기   예금   대출   은행

(1) 돈이나 물건 등을 빌려주거나 빌림. (**대출**)
(2) 은행에 돈을 맡기는 일이나 맡긴 돈. (**예금**)
(3) 저금을 맡아 주거나 돈을 빌려주는 기관. (**은행**)

02 다음 문장의 빈칸에 들어갈 알맞은 낱말을 찾아 선으로 이으세요.

(1) 지난 일 년간 넣은 적금에 꽤 많은 ☐이/가 붙었다.
(2) 엄마는 돈이 급히 필요하자 은행에서 ☐ 일부를 찾아왔다.

㉠ 예금
㉡ 이자

03 다음 초성을 보고 빈칸에 들어갈 알맞은 낱말을 쓰세요.

(1) ㄷ ㅊ
✎ 아빠는 가게를 내려고 은행에서 (**대출**)을/를 받으셨다.

(2) ㅈ ㄱ
✎ 매달 용돈의 일부를 모을 수 있게 어린이용 (**적금**) 상품이 나왔다.

04 다음 ㉠과 ㉡에 들어갈 알맞은 낱말을 바르게 짝 지은 것은 무엇인가요? (③)

민지: 난 언제든 돈을 맡기고 찾을 수 있는 보통 예금을 들었어. 그래서 매달 일정한 돈을 정해진 기간 동안 넣은 후에 찾을 수 있는 ㉠ 을/를 하나 더 들 거야.
한울: 그렇구나. 난 그동안 모은 돈을 한꺼번에 맡기고 높은 ㉡ 을/를 받을 수 있는 정기 예금을 들 거야.

① ㉠: 예금 - ㉡: 대출   ② ㉠: 대출 - ㉡: 은행   ③ ㉠: 적금 - ㉡: 이자
④ ㉠: 적금 - ㉡: 대출   ⑤ ㉠: 은행 - ㉡: 이자

해설
㉠은 매달 정해진 돈을 넣었다가 찾는 '적금'이, ㉡은 돈을 맡긴 대가로 은행이 주는 돈인 '이자'가 알맞습니다.

05 다음 빈칸에 들어갈 낱말로 알맞은 것은 무엇인가요? (⑤)

방글라데시에는 가난한 사람들에게만 ☐ 해 주는 은행이 있다. 바로 1983년 세워진 그라민 은행이다. 실제로 이 은행을 이용한 사람 중 60%는 이 돈을 발판으로 가난에서 벗어났다고 한다. 또한 대출의 90% 이상이 여성에게 제공되어 여성의 역할 강화에도 기여를 했다.

① 예금   ② 적금   ③ 이자   ④ 은행   ⑤ 대출

06 다음 ㉠~㉢ 중 낱말의 쓰임이 알맞지 않은 것을 찾아 기호를 쓰세요.

우리가 맡긴 돈으로 ㉠은행은 어떤 일을 할까? 은행은 사람들에게 돈을 빌려주고 일정한 ㉡이자를 받는다. 이것을 바탕으로 은행도 돈을 맡긴 사람들에게 이자를 주고 나머지는 은행이 갖는다. 그래서 저금통에 돈을 모아 두는 것보다 은행에 ㉢대출하면 이자가 붙어서 더 많은 돈을 얻을 수 있다.

(㉢)

해설
㉢의 앞부분에 은행에 돈을 맡기면 이자를 준다고 나옵니다. 그렇기 때문에 '대출'이 아니라, '이자'가 알맞습니다.

2단계 활용

07 다음 보기와 같이 주어진 낱말을 넣어 짧은 문장을 만들어 쓰세요.

보기
은행
✎ 오늘날 은행은 돈을 보관하는 일만 하지 않는다.

예금
✎ 예 예금을 하기 전에 각 은행의 이자를 비교해야 한다.

08 다음 두 낱말을 모두 넣어 짧은 문장을 만들어 쓰세요.

이자   대출

✎ 예 대출은 돈이 필요한 사람에게 이자를 받고 돈을 빌려주는 일이다.

92쪽

93쪽

05~08 `날말밭` 주간학습

01 다음 문장의 빈칸에 들어갈 날말을 보기에서 찾아 쓰세요.

보기
이자   혼례   서명

(1) (이자)은/는 은행이나 예금 기간에 따라 다르다.
(2) 한복을 입고 전통 (혼례)을/를 체험하는 외국인이 점점 늘고 있다.
(3) 도서관 설립을 위해 우리 마을 사람들은 열심히 (서명) 운동을 하고 있다.

02 다음 문장에 어울리는 날말을 찾아 ○표 하세요.

(1) 오늘날의 성년식을 과거에는 (상례, 관례)라고 했다.
(2) 물을 구하기 쉬운 강 주변에 주로 (촌락, 은행)이 형성되었다.
(3) 여행 자금 마련을 위한 3개월 (적금, 농촌)이 학생들 사이에서 유행하고 있다.

03 다음 밑줄 친 날말을 바르게 사용하여 말한 친구의 이름을 쓰세요.

헤미: 보통 예금, 정기 예금 등 예금에는 다양한 종류가 있구나.

유준: 당장 할 일이 없는 곤돈을 말하는 정기 예금 대출이 가장 높아.

(헤미)

해설 ㉠ 뒤에 죽은 사람을 기린다는 표현으로 '제례'가, ㉡은 옛날부터 행사 때 한 행동이 나오기에 '풍습'이 알맞습니다.

04 다음 ㉠과 ㉡에 들어갈 알맞은 날말을 바르게 짝 지은 것은 무엇인가요? (③)

멕시코에는 우리나라 ㉠ 처럼 죽은 사람을 기리는 ㉡ 이/가 있다. 설탕 해골로 장식한 무덤 앞에서 죽은 이를 기린 후, 해골 분장을 하고 노래한다. 죽은 가족과 만나는 기쁨을 이렇게 표현하는 것이다.

① ㉠: 상례 - ㉡: 서명   ② ㉠: 관례 - ㉡: 자치   ③ ㉠: 제례 - ㉡: 풍습
④ ㉠: 제례 - ㉡: 공동체   ⑤ ㉠: 상례 - ㉡: 공동체

---

05 다음 글을 읽고, 빈칸에 알맞은 날말을 쓰세요.

어촌에 사는 사람들은 바다에서 물고기를 잡거나 전복, 김 등을 키우며 경제생활을 한다. 따라서 삶의 터전이 바다인 어촌 사람들은 날씨의 영향을 많이 받을 수밖에 없다. 태풍이 오면 배를 타고 바다로 나갈 수 없기 때문이다.

→ 어촌 생활과 날씨

해설 지아의 말에서 새로운 교육 제도에 대해 의견을 나누는 모임이라는 것을 알 수 있습니다. 따라서 빈칸에는 '중요한 결정을 하기 전에 여러 사람의 의견을 들으려는 모임.'을 뜻하는 '공청회'가 알맞습니다.

06 다음 빈칸에 공통으로 들어갈 날말은 무엇인가요? (⑤)

지아: 새로운 교육 제도를 만들기 위해 온라인 □□□이/가 열린대.
민재: 인터넷 누리집에서 열리는 □□□(이)니 나도 참여할 거야.

① 서명   ② 관례   ③ 촌락   ④ 풍습   ⑤ 공청회

07 다음 ㉠~㉢ 중 날말의 쓰임이 알맞지 않은 것을 찾아 기호를 쓰세요.

돈이 없는 사람들에게 벌금을 빌려주는 장발장 ㉠은행이 있다. 은행은 벌금을 요청한 사람이 얼마나 절실한지를 보고 ㉡예금해 준다. 돈을 빌린 사람은 ㉢이자 없이 원래의 돈만 갚으면 된다.

(㉡)

08 다음 빈칸에 들어갈 날말로 알맞은 것은 무엇인가요? (③)

강원도 원주의 상인들로 구성된 주민 □□□ 단체에서 '공유 우산 프로젝트'를 시작했다. 갑자기 비가 올 때 우산이 필요한 사람들에게 우산을 빌려주는 것이다. 처음에는 인근 상인들이 중심이 되어 우산을 기부했지만, 이제는 원주 시민들도 우산 기부에 동참하고 있다.

① 서명   ② 이자   ③ 자치   ④ 혼례   ⑤ 촌락

[09~11] 다음 글을 읽고, 물음에 답하세요.

우리 민족의 서로 돕는 풍습, 계와 부조

우리 조상은 농사를 짓거나 큰일이 생겼을 때 서로 도움을 주고받았다. 자식이 커서 혼례를 치르거나 부모님이 세상을 떠나 ㉠ 을/를 치르면 마음 맞는 사람들끼리 돈이나 곡식을 모아 도와주었다. 이렇게 경제적으로 서로 돕기 위해 만든 ㉡ 을/를 '계'라고 한다. 계는 주로 같은 ㉢촌락에 사는 사람끼리의 모임이었지만 친척이나 비슷한 일을 하는 사람들 사이에 서로 함께 하기도 했다.

이웃이나 친척끼리 잔칫집이나 초상집에 돈이나 물건을 보내 도와주는 일은 '부조'라고 한다. 옛날에는 돈 대신 쌀이나 옷감으로 부조를 했다. 또 직접 가서 일손을 거들어 주기도 했다. 이웃집에 ㉢혼례가 있으면 사람들은 함께 모여 혼례복이나 이부자리를 바느질하고 잔치 음식을 만들었다. 초상집에서도 ㉢상례가 치러지는 사흘 동안 함께 음식을 만들고 손님을 대접했다.

이런 계와 부조의 풍습은 오늘날에도 이어져 오고 있다. 외환 위기 때의 '금 모으기 운동'과 태안 기름 유출 사고 때의 자원봉사 활동이 바로 그 예이다.

해설 ㉠는 사람이 죽었을 때 지키는 예절을 뜻하므로 '상례'가, ㉡는 경제적으로 서로 돕기 위해 모인 무리는 뜻으로 '공동체'가 들어가야 합니다.

09 ㉠와 ㉡에 들어갈 알맞은 날말을 보기에서 찾아 쓰세요.

보기
상례   관례   어촌   공동체

(1) ㉠: 상례   (2) ㉡: 공동체

해설 빈칸에는 도시와 달리 '주로 시골에서 여러 집이 모여 사는 작은 마을.'을 뜻하는 '촌락'이 들어가야 합니다.

10 빈칸에 공통으로 들어갈 날말의 기호를 ㉠~㉢에서 찾아 쓰세요. (㉠)

• 인구를 늘리기 위해 여러 □□에서 주민들에게 다양한 지원을 한다.
• 최근에 건강 문제로 도시를 떠나 □□(으)로 가는 사람들이 늘고 있다.

11 다음은 이 글의 중심 내용입니다. 빈칸에 들어갈 알맞은 날말은 무엇인가요? (③)

계와 부조처럼 서로 도와주는 우리의 □□은 계속 이어져 오고 있다.

① 적금   ② 서명   ③ 풍습   ④ 대출   ⑤ 촌락

해설 마지막 문단의 첫 번째 문장이 이 글의 중심 내용입니다. 그래서 빈칸에는 '풍습'이 들어가야 합니다.

🐢 디지털 속 한 문장

다음을 보고, 혼례라는 날말을 넣어 ㉠에 들어갈 답글을 문장이나 글로 쓰세요.

🏠 체험 이야기   ★ ＜ 🖨

◇ 제목: 민속촌 다녀왔어요.

• 글쓴이 기영우   • 등록일 20XX.00.00   • 조회수 27

토요일에는 민속촌에 가족, 소품을 다녀왔다. 볼거리가 많았지만 가장 재미있었던 것은 전통 혼례였다. 신랑, 신부가 멋진 한복을 입은 것이 인상적이었다. 그리고 여러 가지 풍습을 직접 체험해 볼 수 있었다. 갓을 쓰고 도포를 입고 직접 절을 해 보니 우리 문화에 대한 자부심도 생겼다. 전통 문화를 체험하는 행사가 있으면 또 가야겠다.

좋아요 👍

> 김정우 네가 쓴 체험 이야기를 보니 나도 해 보고 싶어!   답글
> 이지윤 우아 나중에 어른이 되면 나도 전통 혼례로 결혼해야지.

㉠   입력

목록 | 인세   답변 | 수정 | 삭제 | 글쓰기

해설 친구가 쓴 글에서 새로 알게 된 내용 또는 말하고 싶은 내용을 '혼례'라는 날말을 넣어 답글을 문장이나 글로 쓰습니다.

✏예 나는 일요일에 민속촌에서 전통 혼례를 치르는 것을 봤어. 특히 말을 타고 들어오는 신랑이 정말 멋있었어. 나중에 기회가 되면 전통 혼례 속 신랑처럼 멋진 한복을 입고 말을 타 보고 싶어.

공부한 날짜 　 월 　 일
정답 및 해설 24쪽

과학 주제 01 자석의 특징은 무엇일까?

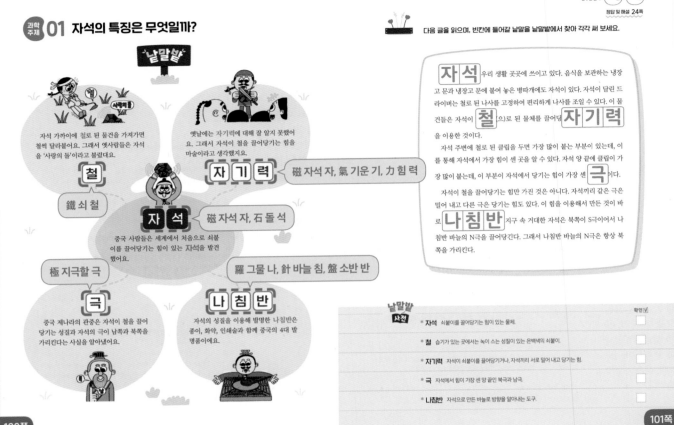

다음 글을 읽으며, 빈칸에 들어갈 낱말을 낱말밭에서 찾아 각각 써 보세요.

자석 우리 생활 곳곳에 쓰이고 있다. 음식을 보관하는 냉장고 문과 냉장고 문에 붙여 놓은 병따개에도 자석이 있다. 자석이 달린 드라이버는 철로 된 나사를 고정하여 편리하게 나사를 조일 수 있다. 이 물건들은 자석이 **철** (으)로 된 물체를 끌어당 **자기력** 을 이용한 것이다.

자석 주변에 철로 된 클립을 두면 가장 많이 붙는 부분이 있는데, 이를 통해 자석에서 가장 힘이 센 곳을 알 수 있다. 자석 양 끝에 클립이 가장 많이 붙는데, 이 부분이 자석에서 당기는 힘이 가장 센 **극** 이다.

자석이 철을 끌어당기는 힘만 가진 것은 아니다. 자석끼리 같은 극은 밀어 내고 다른 극은 당기는 힘도 있다. 이 힘을 이용해서 만든 것이 바로 **나침반** 지구 속 거대한 자석은 북쪽이 S극이어서 나침반 바늘의 N극을 끌어당긴다. 그래서 나침반 바늘의 N극은 항상 북쪽을 가리킨다.

낱말밭 사전

　　　　　　　　　　　　　　　　　　　　　　　확인☑

* **자석** 쇠붙이를 끌어당기는 힘이 있는 물체. ☐

* **철** 습기가 있는 곳에서는 녹이 스는 성질이 있는 은백색의 쇠붙이. ☐

* **자기력** 자석이 쇠붙이를 끌어당기거나, 자석끼리 서로 밀어 내고 당기는 힘. ☐

* **극** 자석에서 힘이 가장 센 양 끝인 북극과 남극. ☐

* **나침반** 자석으로 만든 바늘로 방향을 알아내는 도구. ☐

정답 및 해설 24쪽

과학 주제 01 낱말밭 일일학습

1단계 확인과 적용

01 다음 낱말의 뜻으로 알맞은 것을 보기에서 찾아 기호를 쓰세요.

보기
ㄱ 자석에서 힘이 가장 센 양 끝인 북극과 남극.
ㄴ 자석으로 만든 바늘로 방향을 알아내는 도구.
ㄷ 습기가 있는 곳에서는 녹이 스는 성질이 있는 은백색의 쇠붙이.

(1) 철 (ㄷ) 　 (2) 극 (ㄱ) 　 (3) 나침반 (ㄴ)

02 다음 문장의 빈칸에 들어갈 낱말을 보기에서 찾아 쓰세요.

보기
자석 　 나침반

(1) 항해사는 (나침반)으로 방위를 살피면서 항로를 찾았다.
(2) 나는 바닥에 떨어진 압정을 찾으려고 (자석)을 이용했다.

03 다음 문장에 어울리는 낱말을 찾아 ○표 하세요.

(1) 나침반이나 스마트폰 거치대는 (자기력 , 극)을 이용한 물체이다.
(2) 국자, 냄비, 숟가락 등 주방 도구 대부분은 (철 , 자석)(으)로 만들어졌다.

해설 ● 04 다음 ㄱ과 ㄴ에 들어갈 알맞은 낱말을 바르게 짝 지은 것은 무엇인가요? (④)

ㄱ은 자석의 성질에 따라 같은 극을 밀어 내기에 '극'이, ㄴ은 자석이 밀어 내는 힘이기에 '자기력'이 알맞습니다.

선로 위를 달리지 않고 공중에 떠서 달리는 기차가 있다. 바로 자기 부상 열차이다. 이것은 두 개의 자석이 서로 같은 ㄱ 을 밀어 내는 ㄴ 을 이용하여 만들어졌다. 자기 부상 열차는 다른 기차와 달리 소음이 거의 없고 조용하다는 장점이 있다.

① ㄱ: 철 - ㄴ: 자기력 　 ② ㄱ: 철 - ㄴ: 나침반 　 ③ ㄱ: 극 - ㄴ: 나침반
④ ㄱ: 극 - ㄴ: 자기력 　 ⑤ ㄱ: 자석 - ㄴ: 자기력

해설 ● 05 다음 빈칸에 공통으로 들어갈 낱말로 알맞은 것은 무엇인가요? (③)

이 글은 자석을 물에 띄워 방향을 찾는 방법을 설명하고 있습니다. 또한 'N극'이라는 표현을 통해 빈칸에 들어갈 알맞은 낱말은 '자석'임을 알 수 있습니다.

나침반 없이도 □ 만 있다면 방향을 찾을 수 있다. 가벼운 접시 한가운데에 □ 을 놓고 물이 담긴 큰 수조에 띄운다. 접시의 움직임이 멈추었을 때 N극이 가리키는 쪽이 바로 북쪽이다. 이것은 □ 이 물 위에 떠 있거나 공중에 매달렸을 때 N극은 북쪽, S극은 남쪽을 가리키는 성질을 이용한 것이다.

① 철 　 ② 극 　 ③ 자석 　 ④ 자기력 　 ⑤ 나침반

해설 ● '철'은 '습기가 있는 곳에서 녹이 스는 성질이 있는 은백색의 쇠붙이.'라는 뜻이 있기에 '쇠붙이'와 뜻이 비슷합니다.

06 다음 밑줄 친 낱말과 뜻이 비슷한 낱말을 찾아 쓰세요.

화이트보드 같은 철로 된 판에 종이를 놓고 자석을 붙이면 잘 붙는다. 하지만 종이가 많아지면 자석이 잘 붙지 않는다. 자석은 쇠붙이와의 거리가 멀어지면 힘이 약해지기 때문이다. 여러 장의 종이 아래 철로 된 클립을 놓고 자석으로 움직여 본다. 클립이 움직이지 않을 때까지 끼운 종이의 수가 많을수록 힘이 강한 자석임을 알 수 있다.

(철)

2단계 활용

07 다음 보기와 같이 주어진 낱말을 넣어 짧은 문장을 만들어 쓰세요.

보기
자석
✎ 한 물체에서도 자석에 붙는 부분과 붙지 않는 부분이 모두 있을 수 있다.

자기력
✎ 예 자기력은 자석의 세기가 셀수록 커진다.

08 다음 두 낱말을 모두 넣어 짧은 문장을 만들어 쓰세요.

극 　 자석
✎ 예 막대자석에서 자석의 극은 두 개이다.

공부한 날짜   월   일
정답 및 해설 25쪽

과학주제 02 무게를 재는 방법은 무엇이 있을까?

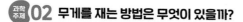

조조가 신하들에게 코끼리의 무게를 물었지만 아무도 알지 못했어요. 한 신하가 큰 저울로 무게를 재자고 말했어요.

저울

커다란 저울도 코끼리처럼 큰 물체를 버티지 못했어요. 그때 조조의 아들 조충이 배를 이용하는 방법을 생각해 냈어요.

물체 物 만물 물, 體 몸 체

무게

중국 오나라의 손권이 조조에게 코끼리를 선물했어요. 조조는 문득 선물받은 코끼리의 무게가 궁금해졌어요.

水 물 수, 平 평평할 평

測 잴 측, 定 정할 정

수평

배에 코끼리를 태우자 처음에는 흔들렸지만 곧 수평을 이뤘어요. 조충은 배가 물에 잠겼던 곳을 표시했어요.

측정

조충은 배에 표시한 곳까지 가라앉도록 돌을 채웠어요. 그리고 돌들의 무게를 모두 더해 코끼리의 무게를 측정했어요.

다음 글을 읽으며, 빈칸에 들어갈 낱말을 낱말밭에서 찾아 각각 써 보세요.

맛있는 케이크나 쿠키를 만들기 위해서는 버터와 밀가루, 우유 등의 재료를 정확한 양만큼 사용해야 한다. 필요한 양을 정확히 사용하려면 【무게】을/를 알아야 한다. 그래서 물체의 무게를 정확하게 【측정】하기 위해 【저울】를 사용해야 한다.

오래전부터 우리가 사용해 온 저울에는 두 가지 종류가 있다. 우선 용수철저울은 용수철이 늘어나는 원리를 이용한 것이다. 용수철에 매달아 놓은 추의 무게가 커질수록 용수철의 길이도 일정하게 늘어난다. 용수철의 늘어난 길이를 재서 【물체】 무게를 측정한다.

또 다른 저울은 양팔 저울이다. 한쪽 접시에는 무게를 잴 물체를, 다른 한쪽 접시에는 동전 같은 기준 물체를 올리고 그 개수를 세어 무게를 측정한다. 양쪽 접시의 무게가 같으면 【수평】가 되는 원리를 이용한 것이다. 특히 양팔 저울은 무게 측정뿐만 아니라 어느 쪽으로 기울었는지를 살펴 무게를 서로 비교할 수도 있다.

낱말밭 사전

낱말	뜻	확인☑
무게	물건의 무거운 정도.	☐
저울	물체의 무게를 쉽고 정확하게 잴 수 있는 도구.	☐
물체	구체적인 모양이 있으며 공간을 차지하는 것.	☐
수평	한쪽으로 기울지 않고 평평한 상태.	☐
측정	기계나 장치로 길이, 무게 등을 잼.	☐

과학주제 02 낱말밭 일일학습

정답 및 해설 25쪽

1단계 확인과 적용

01 다음 뜻을 가진 낱말을 보기에서 찾아 쓰세요.

보기
무게   물체   측정

(1) 물건의 무거운 정도. (무게)
(2) 기계나 장치로 길이, 무게 등을 잼. (측정)
(3) 구체적인 모양이 있으며 공간을 차지하는 것. (물체)

02 다음 문장에 어울리는 낱말을 찾아 ○표 하세요.
(1) 과학자들은 드론으로 빙하가 녹는 속도를 (측정 / 수평)하고 있다.
(2) 엄마가 산 사과 한 봉지 무게를 (수평 / 저울)(으)로 재어 보니 1 kg이었다.

03 다음 밑줄 친 낱말을 바르게 사용하여 말한 친구의 이름을 쓰세요.

이나: 요리할 때는 재료의 무게를 정확하게 수평해야 하는 것이 필요해.

도준: 체중계는 몸무게를 잴 때 사용하는 저울이야.

(도준)

04 다음 ㉠과 ㉡에 들어갈 알맞은 낱말을 바르게 짝 지은 것은 무엇인가요? (④)

친구와 시소를 타면 ㉠ 차이 때문에 한쪽으로 기울어진다. 시소가 ㉡이/가 되려면 어떻게 해야 할까? 아래로 내려온 무거운 친구가 시소의 중심으로 조금씩 이동하면 위로 올라간 친구는 천천히 아래로 내려온다. 그러면서 시소는 ㉡을/를 이루게 된다.

① ㉠: 저울 - ㉡: 물체 ② ㉠: 수평 - ㉡: 저울 ③ ㉠: 물체 - ㉡: 측정
④ ㉠: 무게 - ㉡: 수평 ⑤ ㉠: 수평 - ㉡: 측정

해설 ㉠은 시소가 기울어지는 원인이기에 '무게'가, ㉡은 시소가 균형을 맞춘다는 뜻이므로 '수평'이 들어가야 합니다.

해설 05 빈칸에는 나무의 나이를 잰다는 뜻이 들어가야 하므로 '기계나 장치로 길이, 무게 등을 잼.'을 뜻하는 '측정'이 알맞습니다.

05 다음 빈칸에 공통으로 들어갈 낱말로 알맞은 것은 무엇인가요? (②)

사람이나 동물은 태어난 날을 알면 나이를 알 수 있다. 그렇다면 태어난 날을 알 수 없는 나무의 나이는 어떻게 [   ]할까? 잘린 나무줄기의 단면을 보면 동그라미 모양이 여러 개 있는 것을 찾을 수 있다. 이것이 바로 나이테이다. 우리나라에서는 사계절이 분명하기에 일 년에 하나씩 나이테가 생긴다. 따라서 나무의 나이는 나이테의 수를 통해 [   ]할 수 있다.

① 무게   ② 측정   ③ 수평   ④ 저울   ⑤ 물체

해설 06 '무거운 정도'는 '물건의 무거운 정도.'를 뜻하는 '무게'와 뜻이 비슷합니다.

06 다음 밑줄 친 부분과 뜻이 비슷한 낱말을 찾아 쓰세요.

비행기의 안전한 비행을 위해 화물의 무게는 물론 연료의 무거운 정도도 관리의 대상이 된다. 비행기가 너무 무거우면 착륙할 때 위험할 수 있기 때문이다. 그래서 비행기는 착륙 전에 연료의 무게를 점검하여 위험이 감지되면 하늘을 돌면서 연료를 써 버린 후 안전한 무게가 되면 착륙한다.

(무게)

2단계 활용

07 다음 보기와 같이 주어진 낱말을 넣어 짧은 문장을 만들어 쓰세요.

보기
측정
✏ 세종 대왕 때 측우기를 만들어 빗물의 양을 측정하였다.

저울
✏ 예 저울이 낡아서 정확하게 무게를 측정할 수 없다.

08 다음 두 낱말을 모두 넣어 짧은 문장을 만들어 쓰세요.

수평   무게

✏ 예 수평 잡기의 원리를 이용해 두 물체의 무게를 비교할 수 있다.

과학 주제 03 화산이 폭발하면 어떤 일이 생길까?

마그마
땅속에 있는 마그마는 암석이 녹으며 만들어져요. 어떤 암석이 녹았느냐에 따라 물처럼 흐르거나 걸쭉하기도 해요.

용암 鎔 주조할 용, 巖 바위 암
마그마가 땅 위로 나오면 용암이라고 불러요. 용암은 매우 뜨거워서 주변 지역에 화재를 일으키기도 해요.

화산 火 불 화, 山 산 산
커다란 폭발음과 함께 자욱한 연기와 불꽃이 치솟는 화산은 여러 재난을 함께 일으켜요.

화산재 火 불 화, 山 산 산, 재
화산이 폭발하면 화산재도 함께 나와요. 화산재는 사람에게 호흡기 질환을 일으키고, 비행기 운행에도 피해를 줘요.

지진 地 땅 지, 震 벼락 진
마그마가 움직이거나 분출되면서 지진이 발생되기도 해요. 그래서 화산이 많은 곳에서는 지진도 자주 발생하지요.

다음 글을 읽으며, 빈칸에 들어갈 낱말을 낱말밭에서 찾아 각각 써 보세요.

세계 곳곳에서는 화산 폭발과 지진이 일어나고 있다. 화산과 지진은 서로 영향을 주고받는데, 발생하는 원리가 비슷하다. 두 활동 모두 지구 내부의 힘 때문에 일어나기 때문이다.

지구 안쪽에서 단단한 암석끼리 밀고 부딪치는 힘으로 땅이 갈라지고 흔들리는데, 이것이 **지진** 이다.

지구 중심부의 온도는 매우 뜨거워서 암석마저 녹인다. 지구 내부에는 암석이 녹은 **마그마** 가 방을 이루고 있다. 마그마가 커지면서 강한 힘이 생겨 주변의 암석을 밀어 내면서 땅 표면의 약한 틈을 뚫고 나오는데 이것이 바로 화산 폭발이다. 이때 암석 조각이나 가루 같은 **화산재** 과 기체인 화산 가스도 섞여 나온다. 마그마는 땅 바깥으로 솟구쳐나와 액체인 **용암** 가 되어 땅의 표면을 따라 흐른다. 이 용암이 굳어 만들어진 것이 **화산** 다.

낱말밭 사전

* **화산** 땅속 깊은 곳에서 암석이 녹은 마그마가 지표면으로 솟구쳐 나와 만들어진 지형.
* **마그마** 땅속에 암석이 녹아 있는 것.
* **용암** 화산이 분출할 때 나오는 마그마.
* **화산재** 화산에서 나온 용암이 잘게 부스러져 먼지처럼 된 가루.
* **지진** 땅이 지구 내부의 힘을 받아 흔들리는 현상.

과학 주제 03 낱말밭 일일학습

1단계 확인과 적용

01 다음 낱말의 뜻으로 알맞은 것을 보기에서 찾아 기호를 쓰세요.

보기
㉠ 화산이 분출할 때 나오는 마그마.
㉡ 땅이 지구 내부의 힘을 받아 흔들리는 현상.
㉢ 화산에서 나온 용암이 잘게 부스러져 먼지처럼 된 가루.

(1) 용암 (㉠) (2) 화산재 (㉢) (3) 지진 (㉡)

02 다음 초성을 보고 빈칸에 들어갈 알맞은 낱말을 쓰세요.

(1) ㅈㅈ
동물의 행동을 관찰해서 (지진)을/를 예측하려는 연구가 있다.

(2) ㅎㅅㅈ
(화산재)은/는 땅을 기름지게 하여 농작물이 자라는 데 도움을 준다.

해설 ①은 '용암'이 아닌 '화산'이 들어가야 합니다.

03 다음 문장 중 밑줄 친 낱말이 바르게 사용된 것을 찾아 ○표 하세요.
① 백두산은 우리나라의 대표적인 용암이다. ( )
② 세계 여러 지역에는 아직 활동 중인 화산이 많이 있다. (○)

04 다음 ㉠과 ㉡에 들어갈 알맞은 낱말을 바르게 짝 지은 것은 무엇인가요? (③)

기원전 79년, 로마의 베수비오 ㉠ 이/가 폭발했다. 사람들은 도망치려고 했지만 엄청난 양의 ㉡ 이/가 순식간에 사람들과 폼페이 도시 전체를 덮어 버렸다. 1,700여 년 동안 땅속에 묻혀 있던 폼페이는 농부들이 유물을 발견하면서 발굴이 시작되었다. 옛 도시의 모습을 간직한 폼페이는 유네스코 세계 문화유산으로 지정되었다.

① ㉠: 용암 - ㉡: 지진 ② ㉠: 지진 - ㉡: 화산 ③ ㉠: 화산 - ㉡: 화산재
④ ㉠: 용암 - ㉡: 화산재 ⑤ ㉠: 화산재 - ㉡: 마그마

해설 ㉠은 뒤에 폭발이라는 표현을 통해 '화산'이, ㉡은 화산 폭발과 함께 나와 도시를 덮었다는 내용으로 '화산재'가 들어가야 합니다.

해설 (1)은 땅속에 있는 상태인 '마그마'가, (2)는 밖으로 흘러나온 마그마이기에 '용암'이 알맞습니다.

05 다음 빈칸에 들어갈 낱말을 보기에서 찾아 쓰세요.

보기
용암 마그마

오래전, 남해의 깊은 땅속에 있던 ㉠ 이/가 뿜어져 나왔다. 밖으로 흘러나온 ㉡ 은/는 바닷물 위로 쏟아졌고, 금세 차갑게 식어 딱딱한 돌이 되었다. 그 후에도 용암이 계속 주변에 쌓이면서 점점 넓어졌다. 50만 년 전부터는 그 위에 화산 분출물이 쌓여 지름의 한라산이 되었다.

(1) ㉠: (마그마) (2) ㉡: (용암)

해설 이 글은 사람들이 느낄 정도로 땅이 흔들린 사실을 말하고 있습니다. 따라서 빈칸에는 '지진'이 들어가야 합니다.

06 다음 빈칸에 공통으로 들어갈 낱말로 알맞은 것은 무엇인가요? (②)

2023년 11월 30일 새벽 4시 55분, 경북 경주시에서 이/가 발생했다. 경북에는 진도 Ⅴ(5), 울산에는 진도 Ⅳ(4)의 흔들림이 전달됐다. 진도 Ⅴ(5)의 은/는 거의 모든 사람이 진동을 느끼고 그릇과 창문 등이 깨질 수 있고, 진도 Ⅳ(4)은/는 실내에 있는 사람들이 진동을 느끼고 밤에는 잠에서 깨기도 한다.

① 용암 ② 지진 ③ 화산 ④ 마그마 ⑤ 화산재

2단계 활용

07 다음 보기와 같이 주어진 낱말을 넣어 짧은 문장을 만들어 쓰세요.

보기
화산
옛날에는 활동했지만 지금은 그렇지 않은 화산을 휴화산이라고 부른다.

(1) 마그마
예) 마그마를 구성하는 성분은 다양하다.

(2) 화산재
예) 화산재는 비행기 엔진을 망가뜨려 항공기 운항을 어렵게 한다.

과학 주제 04 바다에서는 무엇을 볼 수 있을까?

언니는 튜브를 챙기면서 콧노래를 불렀어요. 태안에 있는 해수욕장은 파도가 높지 않아서 물놀이를 즐기기에 좋아요.

파도
波 물결 파, 濤 큰 물결 도

나는 해변에서 모래 놀이를 하고, 밀물 때에 맞춰 해수욕장에서 수영을 하면서 놀 거예요.

밀물

바다
여름 방학을 맞아 우리 가족은 태안에 놀러 가기로 했어요. 아빠는 미리 바다 가까이에 있는 캠핑장을 잡아 두셨어요.

썰물
엄마는 물이 빠진 서해의 노을을 사진으로 찍고 싶어 하셨어요. 여행 기간에 썰물 때는 다행히 해 질 무렵이에요.

갯벌
아빠와 나는 갯벌 체험을 할 거예요. 다양한 조개를 잡아서 조개 구이도 하고 칼국수에 넣어서 맛있게 끓여 먹을 거예요.

다음 글을 읽으며, 빈칸에 들어갈 낱말을 낱말밭에서 찾아 각각 써 보세요.

물이 빠진 **바다**서 시간이 가는 줄도 모르고 조개를 잡다가, 들어오는 바닷물에 빠지는 사고가 자주 일어나고 있다. 인천 해양 경찰서에 따르면, 며칠 전 하나개 해수욕장에서 조개를 잡던 관광객들이 갑자기 밀려든 바닷물에 갇혔다가 구조되었다고 밝혔다.

무의도와 영흥도 근처 바다는 **파도**가 잔잔한 편이지만, 갯벌에 바닷물이 드나들며 만들어진 물길인 갯골이 많아 사고 위험이 크다. 이 지역에서 발생하는 사고만 매년 60여 건이 넘는다. 관광객들은 물이 빠지는 **썰물**이 되면 꽤 먼 거리까지 나가서 조개를 잡는다. 그러다 바닷물이 들어와 주변을 에워싼 뒤에야 위기에 처했음을 알아차리는 것이다. **밀물**에 갇힌 관광객들은 급히 구조 요청을 하지만, 넓은 **갯벌**서 사람을 찾는 일은 쉽지 않다.

해경은 안전사고를 막기 위해 물때표를 반드시 확인하고, 구명조끼를 입는 등 안전 수칙을 지켜야 한다고 강조했다.

낱말밭 사전

확인 ☑

* **바다** 지구에서 육지를 제외하고 짠물이 있는 아주 넓은 곳. ☐
* **파도** 바다에 이는 물결. ☐
* **밀물** 바닷물이 육지 쪽으로 밀려 들어오는 것. ☐
* **썰물** 바닷물이 바다 쪽으로 빠져나가는 것. ☐
* **갯벌** 밀물 때는 물에 잠기고 썰물 때 드러나는 땅. ☐

과학 주제 04 낱말밭 일일학습

1단계 확인과 적용

01 다음 뜻을 가진 낱말을 보기에서 찾아 쓰세요.

> 보기
> 밀물   썰물   파도

(1) 바다에 이는 물결. (**파도**)
(2) 바닷물이 바다 쪽으로 빠져나가는 것. (**썰물**)
(3) 바닷물이 육지 쪽으로 밀려 들어오는 것. (**밀물**)

02 다음 문장의 빈칸에 들어갈 알맞은 낱말을 찾아 선으로 이으세요.

(1) ☐에 어선 수십 척이 떠 있다.   ㉠ 썰물
(2) ☐이/가 되자 갯벌 바닥이 드러났다.   ㉡ 바다

03 다음 문장의 빈칸에 들어갈 낱말을 보기에서 찾아 쓰세요.

> 보기
> 파도   밀물

(1) 바람이 부는 날은 (**파도**)이/가 높다.
(2) 우리는 (**밀물**) 시간이 되자 조개 줍는 것을 멈추고 육지를 향해 갔다.

해설 •04
육지와 바다에서 물질이 쌓이고, 홍수 피해를 막아 주는 역할을 하는 것은 '갯벌'입니다.

04 다음 빈칸에 공통으로 들어갈 낱말로 알맞은 것은 무엇인가요? (⑤)

> 미나: 갯지렁이, 맛조개 같은 다양한 생물이 ☐에 살고 있네.
> 정우: 응. ☐은/는 육지와 바다의 여러 가지 물질이 쌓여 먹을거리가 풍부하거든. 그리고 비가 많이 올 때는 물을 많이 저장해서 홍수 피해를 막아 준대.

① 바다 ② 파도 ③ 밀물 ④ 썰물 ⑤ 갯벌

해설 •05
㉠은 바닷물이 출렁이는 것으로 '파도'가, ㉡은 바람 때문에 파도가 발생하는 '바다'가 알맞습니다.

05 다음 ㉠과 ㉡에 들어갈 알맞은 낱말을 바르게 짝 지은 것은 무엇인가요? (④)

> 세숫대야에 물을 떠 놓고 입으로 바람을 불면 물이 출렁이는 것을 볼 수 있다. 대부분의 ㉠ 은/는 이와 같이 ㉡ 에서 부는 바람 때문에 발생한다. 그리고 세숫대야를 톡 쳐도 물이 출렁인다. 땅이 흔들리는 것처럼 ㉡ 에서 발생하는 지진 때문에 ㉠ 이/가 생기기도 한다. 지진으로 인해 주로 발생하는 큰 ㉠ 을/를 '쓰나미'라고 한다.

① ㉠: 바다 - ㉡: 밀물 ② ㉠: 밀물 - ㉡: 파도 ③ ㉠: 파도 - ㉡: 썰물
④ ㉠: 파도 - ㉡: 바다 ⑤ ㉠: 썰물 - ㉡: 바다

해설 •06
'밀물'은 바닷물이 육지 쪽으로 밀려 들어오는 것으로, 뜻이 반대인 낱말은 '썰물'입니다.

06 다음 밑줄 친 낱말과 뜻이 반대되는 낱말을 찾아 쓰세요.

> 바닷물이 육지 쪽으로 밀려 들어왔다 다시 나가는 것을 각각 밀물과 썰물이라 한다. 밀물과 썰물은 지구와 달이 서로를 끌어당기는 힘 때문에 일어난다. 밀물과 썰물은 하루에 두 번 정도 일어나는데 서해는 밀물과 썰물 때 바다의 높이 차이가 커서 안전사고가 일어나기 쉬우므로 물때를 잘 확인해야 한다.

(**썰물**)

2단계 활용

07 다음 보기와 같이 주어진 낱말을 넣어 짧은 문장을 만들어 쓰세요.

> 보기
> 바다
> ✎ 우리의 바다는 미세 플라스틱으로 오염되고 있다.

(1) 밀물
✎ 예 밀물 때는 해안으로 바닷물이 밀려 들어온다.

(2) 갯벌
✎ 예 갯벌에 살고 있는 미생물들은 바다의 오염 물질을 깨끗하게 만들어 준다.

공부한 날짜   월   일

01~04 '낱말밭' 주간학습

정답 및 해설 28쪽

01 다음 문장에 어울리는 낱말을 찾아 ○표 하세요.

(1) 비를 맞은 (마그마, (철)/가 녹슬어서 붉게 변했다.

(2) 큰 태풍이 불자 집채만 한 ((파도), 썰물)이/가 항구를 덮쳤다.

(3) 자석의 N극과 S극이 만나면 서로 끌어당기는 (극, (자기력))이/가 발생한다.

02 다음 문장의 빈칸에 들어갈 낱말을 보기에서 찾아 쓰세요.

보기
| 갯벌 | 저울 | 바다 | 용암 |

(1) 물체의 무게를 비교할 때 양팔 (저울)을/를 사용한다.

(2) 서해는 물이 빠지는 썰물이 되면 (갯벌)이/가 드러난다.

(3) (용암)은/는 땅속에 있던 마그마가 땅 밖으로 흘러나온 것이다.

(4) 등대는 밤에 (바다)을/를 항해하는 배에 뱃길과 위험한 곳을 알려 준다.

03 다음 밑줄 친 낱말을 바르게 사용하여 말한 친구의 이름을 쓰세요.

지윤: 모빌이 오른쪽 아래로 기울어지네. 모빌의 무게 중심이 안 맞나 봐.

준호: 그러면 무거운 오른쪽 조각을 가운데로 옮겨 가면서 무게를 이루도록 잘 맞추어 보자.

(지윤)

해설 시은이와 현준이의 대화에서 자석과 관련하여 방향을 알아내는 도구라는 것을 알 수 있습니다. 따라서 빈칸에는 '나침반'이 들어가야 합니다.

04 다음 빈칸에 공통으로 들어갈 낱말로 알맞은 것은 무엇인가요? (⑤)

시은: 철새들은 □□□도 없는데 어떻게 우리나라로 찾아올까?

현준: 철새들의 머릿속에는 □□□ 역할을 하는 물질이 있어서, 이 물질이 거대한 자석인 지구에서 방향을 알아낸다.

① 저울   ② 화산   ③ 파도   ④ 화산재   ⑤ 나침반

해설 '수평'은 '한쪽으로 기울지 않고 평평한 상태.'를 뜻하는 말로, 밑줄 친 부분과 뜻이 비슷합니다.

05 다음 밑줄 친 부분과 뜻이 비슷한 낱말을 찾아 쓰세요.

몸무게가 같은 친구끼리 시소를 탈 때 두 친구가 중심에서 같은 거리에 앉으면 시소는 기울어지지 않고 평평한 상태가 된다. 몸무게가 차이 날 때는, 무거운 친구가 중심에 가까이 앉지 않으면 시소는 수평이 된다.

(수평)

해설 ⓒ 뒤에 나오는 '훨씬 무거운'이라는 표현을 통해 '극'이 아닌 '무게'를 써야 합니다.

06 다음 ㉠~㉤ 중 낱말의 쓰임이 알맞지 않은 것은 무엇인가요? (③)

네오디뮴 자석은 가장 강력한 ㉠자석 중 하나이다. 강한 ㉡자기력으로 자기 ㉢극보다 훨씬 무거운 ㉣물체도 들어 올릴 수 있다. 그래서 이 자석의 자기력은 사람의 힘만으로 ㉤측정할 수 없을 정도로 강하다.

① ㉠   ② ㉡   ③ ㉢   ④ ㉣   ⑤ ㉤

07 다음 빈칸에 들어갈 낱말로 알맞은 것은 무엇인가요? (④)

화산 폭발은 지구 생태계에 큰 피해를 준다. 땅속에 있던 □□□은/는 밖으로 흐르면서 주변을 불태운다. 그리고 작은 먼지 같은 화산재는 햇빛을 가로막아 지구의 기온을 낮춘다. 이로 인해 식물은 성장에 큰 피해를 본다.

① 갯벌   ② 저울   ③ 바다   ④ 마그마   ⑤ 자기력

08 다음 빈칸에 들어갈 낱말을 보기에서 찾아 쓰세요.

보기
| 밀물 | 썰물 |

㉠과 ㉡의 차이로 전기를 생산할 수 있다. 강 하류나 육지 쪽으로 많이 들어온 바다에 둑을 쌓고 바닷물이 들어오는 ㉠때는 바닷물을 가둔다. 그리고 ㉡때가 되면 둑을 열어 바닷물을 내보내는데, 이때 흐르는 바닷물의 힘으로 전기를 만드는 것이다.

(1) ㉠: (밀물)   (2) ㉡: (썰물)

[09~11] 다음 글을 읽고, 물음에 답하세요.

미국의 세인트헬렌스산이 폭발하다!

세인트헬렌스산은 미국의 대표적인 활화산이다. 최근까지도 화산 폭발이 있었는데 폭발 당시의 기록에 따르면, 두 달 전부터 땅이 흔들리는 ㉠이/가 일어났고, 그 뒤로 산비탈이 하루에 1.5미터씩 부풀어 올랐다고 한다.

1980년 5월 18일, 세인트헬렌스산에서 큰 화산 폭발이 있었다. 엄청난 소리와 함께 화산재가 하늘로 치솟으며 산사태가 일어나 돌과 흙, 물이 계곡과 강으로 흘러갔다.

▲ 세인트헬렌스산

전문가들은 지구 내부의 밀어 올리는 힘에 산비탈이 부풀어 오르면서 산사태가 일어난 것이라고 보았다. 이 산사태와 화산 폭발로 서울의 넓이와 맞먹는 숲이 파괴되었고, 57명의 사람이 목숨을 잃었다. 미국 북서부 일대는 이 화산이 폭발하면서 함께 나온 ㉡(으)로 뒤덮여 큰 피해를 입었다.

화산이 폭발하기 전 세인트헬렌스산의 높이는 약 3,372미터였지만 9시간 동안 화산이 폭발한 뒤 다시 높이를 ㉢재어 보니 2,914미터로 이전보다 낮아졌다. 화산 폭발로 정상 부근이 날아가 버리면서 산의 높이가 낮아지고 모양도 크게 변한 것이었다.

해설 (1)은 땅이 흔들리는 현상으로 '지진'이, (2)는 화산이 폭발하면서 함께 나와 일대를 뒤덮은 것으로 '화산재'가 알맞습니다.

09 ㉠과 ㉡에 들어갈 알맞은 낱말을 보기에서 찾아 쓰세요.

보기
| 지진 | 용암 | 수평 | 화산재 |

(1) ㉠: (지진)   (2) ㉡: (화산재)

해설 ㉢은 높이를 잰 것으로, 바꾸어 쓸 수 있는 낱말은 '측정'입니다.

10 ㉢과 바꾸어 쓸 수 있는 낱말로 알맞은 것은 무엇인가요? (③)

① 극   ② 수평   ③ 측정   ④ 화산재   ⑤ 나침반

11 다음은 이 글의 중심 내용입니다. 빈칸에 들어갈 알맞은 낱말은 무엇인가요? (②)

미국의 세인트헬렌스산은 □□ 폭발로 산의 높이와 모양이 변했다.

① 바다   ② 화산   ③ 용암   ④ 파도   ⑤ 썰물

해설 이 글은 미국의 세인트헬렌스산의 화산 폭발에 관한 설명을 하고 있습니다. 따라서 빈칸에 들어갈 낱말은 '화산'입니다.

🗣 디지털 속 한 문장

정답 및 해설 28쪽

다음을 보고, 갯벌이라는 낱말을 넣어 답글을 문장이나 글을 쓰세요.

#갯벌
오늘 갯벌에서 조개를 많이 잡았다. 낙지를 한 마리도 못 잡은 것은 너무 아쉽다. 다음 체험 학습은 갯벌로 가자고 선생님께 건의해야겠다.

해설 글쓴이의 친구가 되어 글쓴이에게 하고 싶은 말을 '갯벌'이라는 낱말을 넣어 씁니다.

✎ (예) 나는 갯벌에서 낙지 잡은 적 있어. 체험 학습으로 같이 갯벌에 가면 내가 낙지 잡는 법을 가르쳐 줄게.

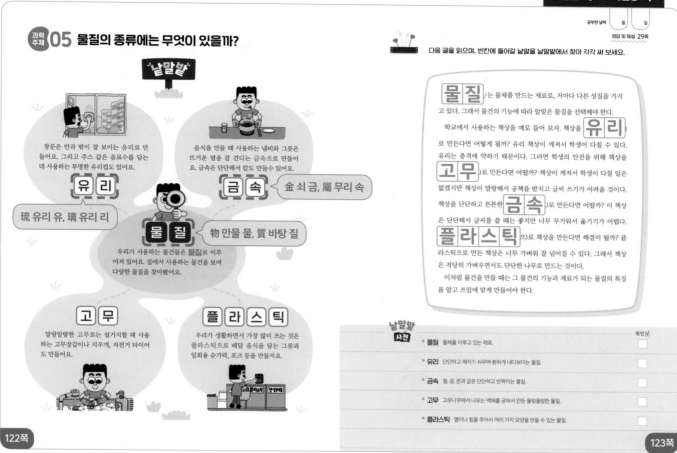

과학 주제 05 물질의 종류에는 무엇이 있을까?

날말밭

창문은 안과 밖이 잘 보이는 유리로 만들어요. 그리고 주스 같은 음료수를 담는 데 사용하는 투명한 유리컵도 있어요.

유리 琉 유리 유, 璃 유리 리

음식을 만들 때 사용하는 냄비와 그릇은 뜨거운 열을 잘 견디는 금속으로 만들어요. 금속은 단단해서 칼도 만들 수 있어요.

금속 金 쇠 금, 屬 무리 속

물질 物 만물 물, 質 바탕 질

우리가 사용하는 물건들은 물질로 이루어져 있어요. 집에서 사용하는 물건을 보며 다양한 물질을 찾아봤어요.

고무

말랑말랑한 고무로는 설거지할 때 사용하는 고무장갑이나 지우개, 자전거 타이어도 만들어요.

플라스틱

우리가 생활하면서 가장 많이 쓰는 것은 플라스틱으로 배달 음식을 담는 그릇과 일회용 숟가락, 포크 등을 만들지요.

다음 글을 읽으며, 빈칸에 들어갈 낱말을 낱말밭에서 찾아 각각 써 보세요.

물질은/는 물체를 만드는 재료로, 저마다 다른 성질을 가지고 있다. 그래서 물건의 기능에 따라 알맞은 물질을 선택해야 한다.

학교에서 사용하는 책상을 예로 들어 보자. 책상을 **유리**로 만든다면 어떻게 될까? 유리 책상이 깨져서 학생이 다칠 수 있다. 유리는 충격에 약하기 때문이다. 그러면 학생의 안전을 위해 책상을 **고무**로 만든다면 어떨까? 책상이 깨져서 학생이 다칠 일은 없겠지만 책상이 말랑해서 공책을 받치고 글씨 쓰기가 어려울 것이다. 책상을 단단하고 튼튼한 **금속**으로 만든다면 어떨까? 이 책상은 단단해서 글씨를 쓸 때는 좋지만 너무 무거워서 옮기기가 어렵다. **플라스틱**(으)로 책상을 만든다면 해결이 될까? 플라스틱으로 만든 책상은 너무 가벼워 잘 넘어질 수 있다. 그래서 책상은 적당히 가벼우면서도 단단한 나무로 만드는 것이다.

이처럼 물건을 만들 때는 그 물건의 기능과 재료가 되는 물질의 특징을 알고 쓰임에 맞게 만들어야 한다.

날말밭 사전

확인 ☑

* **물질** 물체를 이루고 있는 재료　☐
* **유리** 단단하고 깨지기 쉬우며 환하게 내다보이는 물질.　☐
* **금속** 철, 금, 은과 같은 단단하고 반짝이는 물질.　☐
* **고무** 고무나무에서 나오는 액체를 굳혀서 만든 물렁물렁한 물질.　☐
* **플라스틱** 열이나 힘을 주어서 여러 가지 모양을 만들 수 있는 물질.　☐

과학 주제 05
날말밭 일일학습

1단계　확인과 적용

01 다음 낱말의 뜻으로 알맞은 것을 보기에서 찾아 기호를 쓰세요.

보기
㉠ 물체를 이루고 있는 재료.
㉡ 철, 금, 은과 같은 단단하고 반짝이는 물질.
㉢ 단단하고 깨지기 쉬우며 환하게 내다보이는 물질.

(1) 물질 (㉠)　(2) 유리 (㉢)　(3) 금속 (㉡)

02 다음 문장의 빈칸에 들어갈 알맞은 낱말을 보기에서 찾아 쓰세요.

보기
금속　플라스틱

(1) 우리나라는 세계 최초로 **금속** 활자를 사용했다.
(2) **플라스틱**은 가볍고 깨지지는 않지만 열에는 약하다.

03 다음 문장 중 밑줄 친 낱말이 바르게 사용된 것을 찾아 ○표 하세요.

① 깨진 유리 창문 사이로 차가운 바람이 들어온다. (○)
② 생일 선물로 반짝이는 고무로 된 열쇠고리를 받았다. ( )

04 다음 ㉠과 ㉡에 들어갈 알맞은 낱말을 바르게 짝 지은 것은 무엇인가요? (③)

아름: 그릇은 쓰임새가 같아도 사용된 ㉠에 따라 특징이 달라지네.
한결: 우리 집은 ㉡(으)로 만든 그릇을 써서 담긴 내용물을 쉽게 알 수 있어. 그렇지만 잘 깨지는 단점이 있어.
아름: 그래서 우리 집은 플라스틱으로 된 그릇을 주로 사용해.

① ㉠: 금속 - ㉡: 고무
② ㉠: 유리 - ㉡: 고무
③ ㉠: 물질 - ㉡: 유리
④ ㉠: 물질 - ㉡: 금속
⑤ ㉠: 물질 - ㉡: 플라스틱

해설
(1)은 저렴하고 변형이 쉬워 사람들이 많이 사용하는 '플라스틱'이, (2)는 빨대를 만드는 재료라는 뜻으로 '물질'이 들어가야 합니다.

해설
㉠은 물건을 만드는 재료이기에 '물질'이, ㉡은 여러 물질 중 잘 깨지는 성질이 있는 '유리'가 알맞습니다.

05 다음 빈칸에 공통으로 들어갈 낱말로 알맞은 것은 무엇인가요? (④)

☐은/는 3,500년 전 멕시코에 살던 원주민들이 처음 사용했다. 그들은 고무나무에서 나오는 수액을 이용해, 손과 발을 수액에 담갔다가 빼는 방식으로 고무장갑과 장화도 만들었다고 한다. 콜럼버스의 신대륙 발견 이후 멕시코에서 쓰이던 ☐은/는 서양의 탐험가들에 의해 유럽에 전해졌다.

① 유리　② 금속　③ 물질　④ 고무　⑤ 플라스틱

06 다음 빈칸에 들어갈 알맞은 낱말을 보기에서 찾아 쓰세요.

보기
물질　플라스틱

㉠은 저렴하고 변형이 쉬워서 사람들이 많이 사용하는 ㉡이지만 자연적으로 썩지 않는다는 문제가 있다. 그래서 카페에서는 ㉠ 빨대 대신 분해가 잘 되는 다른 ㉡(으)로 만든 빨대를 주기도 한다. 하지만 무엇보다 중요한 것은 ㉠의 사용 자체를 줄이려는 개인의 노력이다.

(1) ㉠: (플라스틱)　(2) ㉡: (물질)

2단계　활용

07 다음 보기와 같이 주어진 낱말을 넣어 짧은 문장을 만들어 쓰세요.

보기
물질
✏ 물질마다 단단한 정도, 휘는 정도가 다르다.

(1) 유리
✏ 예 통일 신라 시대에 유리는 보석과 같은 귀중품이었다.

(2) 플라스틱
✏ 예 플라스틱 쓰레기는 잘 분해되지 않아 썩는 데 시간이 오래 걸린다.

과학 주제 06 물질의 상태에 대해 알아볼까?

상자 안에는 고체 드라이아이스가 들어 있었어요. 엄마는 저녁을 먼저 먹고 아이스크림을 먹자고 하셨어요.

저녁을 먹고 윷놀이를 하다가 잊었던 아이스크림이 생각났어요. 아이스크림은 녹아서 액체가 되어 주르르 흘렀어요.

고체 ← 固 굳을 고, 體 몸 체

액체 → 液 진 액, 體 몸 체

상태 ← 狀 형상 상, 態 모양 태

고모가 아이스크림 케이크를 사 오셨어요. 다행히 아이스크림 케이크는 녹지 않고 꽁꽁 얼어있는 상태였어요.

氣 기운 기, 體 몸 체
기체

냉장고가 가득 차서 상자를 밖에 두고 까맣게 잊은 거예요. 드라이아이스마저 모두 기체로 날아가 버렸어요.

模 법 모, 樣 모양 양
모양

반쯤 녹은 아이스크림 케이크는 모양이 엉망이 되었어요. 나는 더 녹기 전에 허겁지겁 아이스크림 케이크를 먹었지요.

다음 글을 읽으며, 빈칸에 들어갈 낱말을 낱말밭에서 찾아 각각 써 보세요.

지구에 있는 물질은 대부분 고체, 액체, 기체의 세 가지 모습으로 존재한다.

고체 는 돌이나 나무, 얼음처럼 일정한 **모양** 를 갖추고 공간을 차지하고 있다. 그래서 눈으로 볼 수 있고 손으로 잡을 수도 있다.

액체 는 물이나 우유, 주스처럼 담는 그릇에 따라 모양이 바뀌지만, 양은 변하지 않는 상태를 말한다. 그리고 눈으로 볼 수 있지만 흐르는 성질이 있어서 손으로 잡을 수는 없다.

반면 **기체** 는 공기처럼 눈에 보이지 않지만 무게가 있기 때문에 기체가 존재한다는 것을 알 수 있다. 또한 기체는 담는 그릇에 따라 모양이 변하며 그릇을 항상 가득 채운다. 기체는 쉽게 이동하는 성질이 있어서 손으로 잡을 수 없다.

얼음이 녹아 물이 되는 것처럼 고체, 액체, 기체는 평상시에는 그대로 있다가 열을 받으면 다른 형태로 변한다. 이를 물질의 **상태** 변화라고 한다.

낱말밭 사전

* **상태** 물건이나 일이 놓여 있는 모양이나 형편.   ☐
* **고체** 일정한 모양과 부피가 있어 만지고 볼 수 있는 물질.   ☐
* **액체** 부피가 있으나 일정한 형태가 없으며 흐르는 성질이 있는 물질.   ☐
* **기체** 일정한 모양과 부피가 없고 널리 퍼지려는 성질이 있는 물질.   ☐
* **모양** 겉으로 보이는 생김새.   ☐

과학 주제 06

낱말밭 일일학습

1단계   확인과 적용

01 다음 뜻을 가진 낱말을 보기에서 찾아 쓰세요.

보기
상태   고체   액체

(1) 물건이나 일이 놓여 있는 모양이나 형편. (상태)

(2) 일정한 모양과 부피가 있어 만지고 볼 수 있는 물질. (고체)

(3) 부피가 있으나 일정한 형태가 없으며 흐르는 성질이 있는 물질. (액체)

02 다음 문장 중 밑줄 친 낱말이 바르게 사용된 것을 찾아 ○표 하세요.

① 얼음에 열을 가하면 기체인 물이 된다. (   )

② 고체는 여러 그릇에 옮겨 담아도 모양이 변하지 않는다. (○)

03 다음 밑줄 친 낱말을 바르게 사용하여 말한 친구의 이름을 쓰세요.

바닷가에서 물질의 상태를 알아볼까? 바닷속의 자갈과 모래는 고체라고 할 수 있어.
미주

바닷물은 액체, 시원한 바닷바람은 기체 모양이야.
우재

(미주)

해설 ④ 앞부분에 '단단한'이라는 표현을 통해 '고체'가, ⓒ은 연기로 변한다는 것을 통해 '기체'가 알맞습니다.

04 다음 ⊙과 ⓒ에 들어갈 알맞은 낱말을 바르게 짝 지은 것은 무엇인가요? (④)

현진: 드라이아이스는 단단한 ⊙ 인데 연기가 나면서 작아졌어.

시은: 왜냐하면 드라이아이스는 공기 중에서 연기와 같은 ⓒ 로 바로 변하기 때문에 크기가 작아지는 거야.

① ⊙: 기체 - ⓒ: 상태   ② ⊙: 기체 - ⓒ: 고체   ③ ⊙: 상태 - ⓒ: 기체
④ ⊙: 고체 - ⓒ: 기체   ⑤ ⊙: 고체 - ⓒ: 상태

해설 소금 가루는 고체를 가루로 만든 것으로, 상태가 여전히 고체입니다. 따라서 빈칸에는 '물건이나 일이 놓여 있는 모양이나 형편.'을 뜻하는 '상태'가 들어가야 합니다.

05 다음 빈칸에 공통으로 들어갈 낱말로 알맞은 것은 무엇인가요? (①)

소금 가루는 손으로 잡을 수 있지만, 주르륵 흐르기도 하고 담는 그릇에 따라 모양이 바뀐다. 그렇다면 소금 가루는 고체일까, 액체일까? 소금 가루는 고체를 빻아서 만든 것이다. 고체를 가루로 만들면서 ____은/는 변하지 않고 크기만 작아진다. 물질의 ____ 변화는 열을 주고받는 과정이 있어야 발생한다. 따라서 소금 가루는 고체이다.

① 상태   ② 고체   ③ 액체   ④ 기체   ⑤ 모양

해설 모양이 변하지만 일정한 부피를 가지고 있는 물질의 상태는 '액체'입니다.

06 다음 밑줄 친 부분과 뜻이 비슷한 낱말을 찾아 쓰세요.

연료에 불을 붙이려면 산소가 필요하다. 비행기는 하늘을 날면서 산소를 구할 수 있지만, 우주로 날아가는 로켓은 산소를 준비해야 한다. 산소를 원래 상태인 기체로 가져가면 부피가 너무 커서 효율적이지 않다. 그래서 산소를 모양이 변하더라도 부피가 일정한 물질의 상태로 변화시켜 우주로 가져간다. 이것이 바로 액체 산소이다.

(액체)

2단계   활용

07 다음 보기와 같이 주어진 낱말을 넣어 짧은 문장을 만들어 쓰세요.

보기
상태
✎ 물질은 주로 온도와 압력에 따라 상태가 변한다.

모양
✎ 예 액체의 모양은 담는 그릇에 따라 달라진다.

08 다음 두 낱말을 모두 넣어 짧은 문장을 만들어 쓰세요.

기체   액체

✎ 예 액체는 열을 받으면 기체가 된다.

과학 주제 07 질병에 대처하는 방법은 무엇일까?

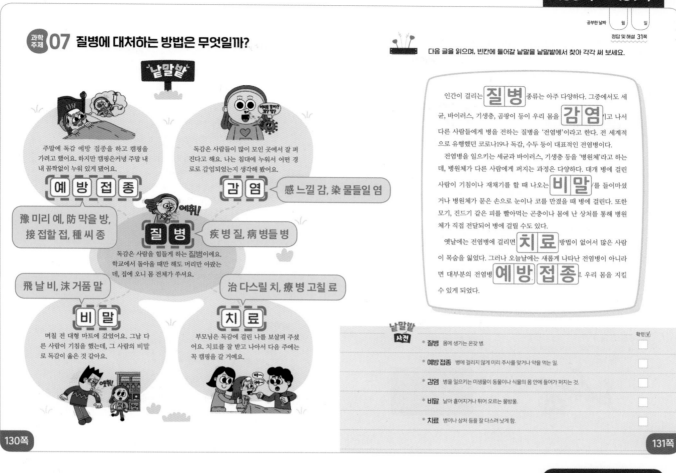

날말낱

주말에 독감 예방 접종을 하고 캠핑을 가려고 했어요. 하지만 캠핑은커녕 주말 내내 꼼짝없이 누워 있게 됐어요.

예방 접종

豫 미리 예, 防 막을 방,
接 접할 접, 種 씨 종

독감은 사람들이 많이 모인 곳에서 잘 퍼진다고 해요. 나는 침대에 누워서 어떤 경로로 감염되었는지 생각해 봤어요.

감염 感 느낄 감, 染 물들일 염

어휘!

질병 疾 병 질, 病 병들 병

독감은 사람을 힘들게 하는 질병이에요. 학교에서 돌아올 때만 해도 머리만 아팠는데, 집에 오니 몸 전체가 부셔요.

飛 날 비, 沫 거품 말

비말

며칠 전 대형 마트에 갔어요. 그날 다른 사람이 기침을 했는데, 그 사람의 비말로 독감이 옮은 것 같아요.

治 다스릴 치, 療 병 고칠 료

치료

부모님은 독감에 걸린 나를 보살펴 주었어요. 치료를 잘 받고 나아서 다음 주에는 꼭 캠핑을 갈 거예요.

다음 글을 읽으며, 빈칸에 들어갈 말을 낱말밭에서 찾아 각각 써 보세요.

인간이 걸리는 **질병** 종류는 아주 다양하다. 그중에서도 세균, 바이러스, 기생충, 곰팡이 등이 우리 몸을 **감염** 시키고 나서 다른 사람들에게 병을 전하는 질병을 '전염'병이라고 한다. 전 세계적으로 유행했던 코로나19나 독감, 수두가 대표적인 전염병이다.

전염병을 일으키는 세균과 바이러스, 기생충 등을 '병원체'라고 하는데, 병원체가 다른 사람에게 퍼지는 과정은 다양하다. 대개 병에 걸린 사람이 기침이나 재채기를 할 때 나오는 **비말** 을 들이마셨거나 병원체가 묻은 손으로 눈이나 코를 만졌을 때 병에 걸린다. 또한 모기, 진드기 같은 피를 빨아먹는 곤충이나 몸에 난 상처를 통해 병원체가 직접 전달되어 병에 걸릴 수도 있다.

옛날에는 전염병에 걸리면 **치료** 방법이 없어서 많은 사람이 목숨을 잃었다. 그러나 오늘날에는 새롭게 나타난 전염병이 아니라면 대부분의 전염병은 **예방 접종** 으로 우리 몸을 지킬 수 있게 되었다.

낱말밭
사전

확인 ✓

* **질병** 몸에 생기는 온갖 병. ☐

* **예방 접종** 병에 걸리지 않게 미리 주사를 맞거나 약을 먹는 일. ☐

* **감염** 병을 일으키는 미생물이 동물이나 식물의 몸 안에 들어가 퍼지는 것. ☐

* **비말** 날아 흩어지거나 튀어 오르는 물방울. ☐

* **치료** 병이나 상처 등을 잘 다스려 낫게 함. ☐

과학 주제 07 낱말밭 일일학습

1단계   확인과 적용

01 다음 낱말의 뜻으로 알맞은 것을 [보기]에서 찾아 기호를 쓰세요.

보기
㉠ 병이나 상처 등을 잘 다스려 낫게 함.
㉡ 날아 흩어지거나 튀어 오르는 물방울.
㉢ 병을 일으키는 미생물이 동물이나 식물의 몸 안에 들어가 퍼지는 것.

(1) 비말 (㉡)   (2) 치료 (㉠)   (3) 감염 (㉢)

02 다음 문장의 빈칸에 들어갈 말을 [보기]에 있는 글자 카드로 만들어 보세요.

보기
염   질   병   감

(1) 바이러스에 오염된 물을 끓이지 않고 마실 경우 병에 (감염)될 수 있다.

(2) 우리는 (질병)을 예방하는 방법을 알고 건강한 생활 습관을 가져야 한다.

03 다음 중 밑줄 친 낱말을 바르게 사용하여 말한 친구의 이름을 쓰세요.

이안: 나는 동물을 사랑해. 그래서 아픈 동물을 치료하는 수의사가 되고 싶어.

도준: 먹힌다. 나중에 내 반려동물이 예방 접종에 걸려서 아프면 네가 낫게 해 줘.

(이안)

04 다음 ㉠과 ㉡에 들어갈 알맞은 낱말을 바르게 짝 지은 것은 무엇인가요? ········●
(④)

세계적으로 유행한 코로나19는 새로운 유형의 코로나바이러스에 ㉠ 되어 생기는 병이다. 병에 걸린 사람이 기침할 때 나오는 ㉡ 을/를 통해 바이러스가 퍼지기 때문에 질병이 전 세계로 빠르게 퍼질 수밖에 없었다. 그래서 사람들은 마스크를 강제로 써야 했고, 병에 걸린 사람은 일정 기간 격리되어 있어야 했다.

① ㉠: 질병 - ㉡: 비말   ② ㉠: 치료 - ㉡: 비말   ③ ㉠: 질병 - ㉡: 감염
④ ㉠: 감염 - ㉡: 비말   ⑤ ㉠: 감염 - ㉡: 치료

해설
(1)은 병을 고치는 것으로 '치료'가, (2)는 미리 고름 주사를 맞는 방법으로 '예방 접종'이 알맞습니다.

해설
'질병'은 '몸에 생기는 온갖 병.'으로 밑줄 친 부분과 바꾸어 쓸 수 있습니다.

해설
㉠은 바이러스가 몸 안에 들어가 퍼지는 것으로 '감염'이, ㉡은 기침할 때 나오는 침방울로 '비말'이 들어가야 합니다.

05 다음 빈칸에 들어갈 알맞은 낱말을 [보기]에서 찾아 쓰세요.

보기
치료   예방 접종

천연두는 열과 함께 온몸에 빨간 점 같은 종기가 생기는 병이다. 옛날에는 ㉠ 방법이 없어 많은 사람이 목숨을 잃었다. 1796년 영국 의사 제너는 소에게 돌던 천연두인 우두에 걸린 사람은 천연두에 걸리지 않는다는 점을 발견하고 우두에 걸린 소의 고름을 건강한 사람에게 주사했다. 이 주사를 맞은 사람은 천연두에 걸리지 않았고 이것이 최초의 ㉡ 이/가 되었다.

(1) ㉠: (치료)   (2) ㉡: (예방 접종)

06 다음 밑줄 친 부분과 뜻이 비슷한 낱말을 찾아 쓰세요.

감기와 독감은 증상이 비슷하지만 질병을 일으키는 바이러스 종류가 서로 다르다. 감기 바이러스의 종류는 200여 가지가 넘어 알맞은 백신을 만들기 어렵다. 반면 독감은 인플루엔자 바이러스에 의해 몸에 생기는 병이라 딱 맞는 백신을 만들 수 있다. 그래서 독감은 매년 겨울이 되기 전 예방 접종을 한다.

(질병)

2단계   활용

07 다음 [보기]와 같이 주어진 낱말을 넣어 짧은 문장을 만들어 쓰세요.

보기
감염
손 씻기를 바르게 하면 바이러스의 감염을 막을 수 있다.

(1) 비말
예 코로나가 공기로도 전해진다는 말은 비말에 의한 감염 때문에 생긴 것이다.

(2) 예방 접종
예 야생 동물은 광견병의 예방 접종이 안 되어 있으므로 반려동물과 접촉하지 않도록 해야 한다.

공부한 날짜   월   일
정답 및 해설 32쪽

과학 주제08 곤충의 한살이는 어떻게 흘러갈까?

날말밭

메뚜기는 따뜻한 땅속에 거품과 함께 알을 낳아요. 메뚜기가 낳은 알은 거품 속에 둘러싸여 추위를 견딜 수 있어요.

알

장수풍뎅이의 애벌레는 퇴비 속에서 겨울을 나요. 퇴비가 썩으면서 발생하는 열이 애벌레를 따뜻하게 해 주지요.

애벌레

오 후훠!

곤충 昆 맏 곤, 蟲 벌레 충

찬바람이 쌩쌩 부는 겨울이 되면 우리는 두꺼운 옷과 장갑으로 추위를 막아요. 곤충들은 추운 겨울을 어떻게 보낼까요?

번데기

노랑쐐기나방의 번데기는 나뭇가지 사이에 만든 단단한 고치 속에서 따뜻한 봄을 기다려요.

어른벌레

무당벌레는 어른벌레로 겨울을 나요. 사람의 집이나 창고처럼 겨울을 나기 좋은 곳을 찾으면 함께 모여 겨울잠을 자요.

다음 글을 읽으며, 빈칸에 들어갈 낱말을 낱말밭에서 찾아 각각 써 보세요.

어느 날, 케일 화분 주변을 청소하다가 케일 잎 뒷면에 노란 옥수수를 닮은 배추흰나비 **알** 이/가 붙어 있는 것을 발견했다. 며칠 전 배추흰나비가 화분 주변을 날아다녔는데, 아마 그때 알을 낳은 것 같다. 그래서 나는 케일을 키우며 **곤충** 한살이를 관찰하기로 했다.

일주일쯤 지나자 알이 흔들리더니 노란빛을 띤 **애벌레** 가 나왔다. 애벌레는 알껍데기와 케일 잎을 갈아 먹었다. 점차 애벌레는 초록색으로 변했고, 허물을 벗으면서 점점 커졌다.

3주가 지나자 애벌레는 입에서 실을 뽑아 케일에 몸을 묶었고, 곧 **번데기** 되었다. 번데기는 갈색으로 변하면서 딱딱해졌다.

그렇게 일주일 동안 아무 움직임이 없었는데, 갑자기 번데기 껍질이 벌어지더니 배추흰나비 **어른벌레** 나와 케일 화분 주위를 날아다녔다. 건강하게 나비가 된 것을 보니 기특하다는 생각이 들었다.

낱말밭 사전   확인☑

* **곤충** 몸이 머리, 가슴, 배 세 부분으로 되어 있고 다리가 여섯 개인 동물. ☐

* **알** 새, 물고기, 곤충 등의 암컷이 낳는 둥근 것. ☐

* **애벌레** 알에서 나온 후 아직 다 자라지 않은 벌레. ☐

* **번데기** 애벌레가 어른벌레가 되기 전에 한동안 껍질 속에 들어가 있는 것 ☐

* **어른벌레** 다 자라서 짝짓기를 할 수 있는 곤충. ☐

과학 주제08 날말밭 일일학습

정답 및 해설 32쪽

1단계 확인과 적용

01 다음 뜻을 가진 낱말을 보기에서 찾아 쓰세요.

보기
알   애벌레   어른벌레

(1) 다 자라서 짝짓기를 할 수 있는 곤충. (**어른벌레**)
(2) 알에서 나온 후 아직 다 자라지 않은 벌레. (**애벌레**)
(3) 새, 물고기, 곤충 등의 암컷이 낳는 둥근 것. (**알**)

02 다음 문장 중 밑줄 친 낱말이 바르게 사용된 것을 찾아 ○표 하세요.
① 대부분 곤충은 타원이나 둥근 모양이다. (   )
② 애벌레에서 바로 어른벌레가 되는 곤충도 있다. (○)

03 다음 초성을 보고 빈칸에 들어갈 알맞은 낱말을 쓰세요.

(1) ㅂㄷㄱ
✎ (**번데기**)의 색깔은 주변 환경의 색깔과 비슷하게 변한다.

(2) ㄱㅊ
✎ (**곤충**)은/는 지구에 있는 동물 중에서 가장 많은 수를 차지한다.

04 다음 ⑤과 ⓒ에 들어갈 알맞은 낱말을 바르게 짝 지은 것은 무엇인가요? (①)

곤충의 ⑤ 은/는 종류에 따라 매끈매끈한 것, 돌기가 돋아 있는 것 등 다양하다. 하지만 대부분은 타원이나 둥근 모양이다. 곤충의 암컷은 갓 깨어난 ⓒ 이/가 좋아하는 먹이가 있는 곳에 ⑤ 을/를 낳는다. 그래서 ⓒ 은/는 태어나자마자 끊임없이 먹이 활동을 하며 성장한다.

① ⑤: 알 - ⓒ: 애벌레
② ⑤: 알 - ⓒ: 번데기
③ ⑤: 번데기 - ⓒ: 애벌레
④ ⑤: 애벌레 - ⓒ: 번데기
⑤ ⑤: 번데기 - ⓒ: 어른벌레

05 다음 빈칸에 공통으로 들어갈 낱말로 알맞은 것은 무엇인가요? (⑤)

잠자리 ☐ 은/는 머리, 가슴, 배의 세 부분으로 되어 있다. 날개는 앞날개, 뒷날개가 각각 한 쌍씩 있고 머리에는 커다란 겹눈이 두 개 있다. 애벌레일 때는 물속에서 꼬리 아가미로 숨 쉬면서 주로 다른 곤충의 애벌레를 잡아먹고, 다 자란 잠자리 ☐ 은/는 큰 턱으로 주로 파리, 모기 등을 잡아먹는다.

① 알   ② 물질   ③ 애벌레   ④ 번데기   ⑤ 어른벌레

해설 ●06
(1)은 탈바꿈을 하는 동물을 가리키므로 '곤충'이, (2)는 애벌레와 어른벌레 사이 단계를 말하므로 '번데기'가 알맞습니다.

06 다음 빈칸에 들어갈 알맞은 낱말을 보기에서 찾아 쓰세요.

보기
곤충   번데기

'탈바꿈'은 ⑤ 이/가 자라면서 여러 번 모습을 바꾸는 것이다. 배추흰나비처럼 애벌레에서 ⓒ 이/가 되었다가 어른벌레가 되는 경우를 '완전 탈바꿈'이라고 한다. 벌과 파리 등이 여기에 속한다. 그리고 ⓒ 을/를 거치지 않고 애벌레에서 바로 어른벌레가 되는 것도 있는데, 이를 '불완전 탈바꿈'이라고 한다. 사마귀, 메뚜기 등이 여기에 속한다.

(1) ⑤: (**곤충**) (2) ⓒ: (**번데기**)

해설
⑤은 곤충이 낳는 것으로 '알'이, ⓒ은 알에서 깨어난 다음에 나와 자라는 것으로 '애벌레'가 들어가야 합니다.

2단계 활용

07 다음 보기와 같이 주어진 낱말을 넣어 짧은 문장을 만들어 쓰세요.

보기
곤충
✎ 곤충은 먹이나 환경에 따라 생김새가 조금씩 다르다.

(1) 알
✎ 예) 짝짓기를 한 암컷은 애벌레의 먹이가 있는 데서 알을 낳는다.

(2) 번데기
✎ 예) 배추흰나비 번데기에는 여러 개의 마디가 있다.

05~08 '낱말샘' 주간학습

01 다음 문장의 빈칸에 들어갈 낱말을 토기에서 찾아 쓰세요.

보기
> 액체   유리   비말

(1) 설거지를 하다가 (유리)로 된 접시를 깨뜨렸다.
(2) 우리 주변에 있는 (액체)로 물, 주스, 우유, 간장 등이 있다.
(3) 마스크를 사용하면 (비말)로 전파되는 바이러스를 막을 수 있다.

02 다음 문장 중 밑줄 친 낱말이 바르게 사용된 것을 찾아 ○표 하세요.

① 고무는 쉽게 깨지기 때문에 조심히 다루어야 한다. (   )
② 보통 독감이 겨울이 오기 전에 미리 예방 접종을 시작한다. (○)

03 다음 밑줄 친 낱말을 바르게 사용하여 말한 친구의 이름을 쓰세요.

> 세아: 나무 막대는 비커에 담거나 유리컵에 담아도 모양이나 부피가 바뀌지 않네.
> 윤후: 담는 그릇이 바뀌어도 형태나 바뀌지 않는 물질의 모양이라고 해.

(세아)

04 다음 ㉠과 ㉡에 들어갈 알맞은 낱말을 바르게 짝 지은 것은 무엇인가요? (③)

> 2023년 서산의 한 농장에서 럼피스킨병이 처음으로 발생했다. 이 ㉠ 에 걸린 소는 온몸에 혹이 생긴다. 증상은 소와 돼지가 함께 걸리는 구제역과 비슷하지만, 럼피스킨병은 소만 ㉡ 된다.

① ㉠: 곤충 - ㉡: 치료   ② ㉠: 곤충 - ㉡: 감염   ③ ㉠: 질병 - ㉡: 감염
④ ㉠: 번데기 - ㉡: 치료   ⑤ ㉠: 어른벌레 - ㉡: 감염

해설 • 05
'금속'은 '철, 금, 은과 같은 단단하고 반짝이는 물질.'이라는 뜻이기에 밑줄 친 부분과 뜻이 비슷합니다.

05 다음 밑줄 친 부분과 뜻이 비슷한 낱말은 무엇인가요? (⑤)

> 주전자는 열이 잘 전달되도록 철처럼 단단하고 반짝이는 물질로 만들고 손잡이는 주로 플라스틱으로 만든다. 물을 끓일 때 금속 부분은 매우 뜨겁지만 플라스틱은 열을 잘 전달하지 않아 덜 뜨겁기 때문이다.

① 고무   ② 곤충   ③ 상태   ④ 기체   ⑤ 금속

해설 • 06
곤충의 한살이에서 번데기 다음은 어른벌레입니다. 따라서 ㉣에는 '알'이 아니라 '어른벌레'가 들어가야 합니다.

06 다음 ㉠~㉤ 중 낱말의 쓰임이 알맞지 않은 것을 찾아 기호를 쓰세요.

> ㉠애벌레에서 번데기 ㉡상태가 될 때 스스로 보호하기 위해 고치라는 집을 짓는 ㉢곤충도 있다. 보통 주변과 비슷한 색으로 고치를 만들어 ㉣번데기가 된다. 이는 고치에서 ㉤알이 되어 나올 때 적에게 들키지 않기 위함이다.

(㉤)

07 다음 빈칸에 공통으로 들어갈 낱말은 무엇인가요? (②)

> 지안: 금속과 _____을/를 서로 긁어 보니 금속이 더 단단해.
> 서준: 대신 _____은/는 당기면 늘어나고 놓으면 다시 돌아오는 재미있는 특징이 있어.

① 유리   ② 고무   ③ 고체   ④ 액체   ⑤ 플라스틱

해설 • 08
이 글은 물질이 기체 상태일 때 입자 움직임이 가장 활발하고, 고체 상태일 때 가장 느리다고 말하고 있습니다. 따라서 빈칸에는 '상태'가 들어가는 것이 알맞습니다.

08 다음 글을 읽고, 빈칸에 알맞은 낱말을 쓰세요.

> 물질을 이루는 입자의 움직임은 물질의 상태에 따라 다른데 고체일 때 가장 느리고, 기체일 때 가장 활발하다. 예를 들어 라면은 고체 상태일 때는 라면 봉지를 뜯고 코를 가까이 대야 냄새를 맡을 수 있다. 하지만 라면을 끓일 때 나오는 수증기는 기체이기 때문에 멀리 있어도 라면 냄새를 맡을 수 있다.

→ 물질의 상태 에 따라 다른 입자의 움직임

[09~11] 다음 글을 읽고, 물음에 답하세요.

방귀 대장, 폭탄먼지벌레

'폭탄먼지벌레'는 방귀를 뀌는 곤충이라 일명 '방귀벌레'라고도 불린다. 밤에 먹이 활동을 하다가 적을 만나면, 폭탄먼지벌레는 1~2초 정도의 짧은 시간 동안 꽁무니에서 독성 물질과 뜨거운 ㉠ 인 수증기를 내뿜는다. 이때 수증기의 온도가 100도를 넘기 때문에, 이 '폭탄 맛'을 본 적들은 폭탄먼지벌레를 다시는 건드리지 않는다.

폭탄먼지벌레의 몸 안에는 폭탄을 만들 수 있는 두 개의 방이 있다. 위쪽 방에는 과산화수소와 하이드로퀴논이라는 ㉡ 이, 아래쪽 방에는 효소가 저장되어 있다. 폭탄먼지벌레가 위험을 느끼면 두 방 사이의 칸막이가 열리면서 두 방에 나뉘어 있던 물질들이 섞여 폭발을 일으키고 뜨거운 열과 독성 물질을 만들어 낸다.

폭탄먼지벌레가 내뿜는 물질은 사람의 피부에 화상을 입히고 가려움증을 유발하기 때문에 치료가 필요하다. 폭탄먼지벌레를 삼킨 두꺼비가 방귀를 견디지 못해 결국 토해 낼 정도로, 이 방귀는 강력한 무기이다.

해설 • 09
㉠은 수증기와 같은 상태인 '기체'가, ㉡은 폭탄먼지벌레가 내뿜는 독의 재료가 되는 것으로 '물질'이 들어가야 합니다.

09 ㉠과 ㉡에 들어갈 알맞은 낱말을 토기에서 찾아 쓰세요.

보기
> 모양   기체   물질   질병

(1) ㉠: (기체)   (2) ㉡: (물질)

10 다음 뜻을 가진 낱말을 윗글에서 찾아 쓰세요.

> 병이나 상처 등을 잘 다스려 낫게 함.

(치료)

11 다음은 이 글의 주제입니다. 빈칸에 들어갈 알맞은 낱말은 무엇인가요? (③)

> '방귀벌레'라는 별명을 가진 폭탄먼지벌레는 사람도 다치게 할 수 있는 □□이다.

① 감염   ② 물질   ③ 곤충   ④ 모양   ⑤ 비말

해설
이 글은 폭탄먼지벌레라는 곤충의 특징에 대해 설명하고 있습니다. 따라서 빈칸에 들어갈 알맞은 낱말은 '곤충'입니다.

🎮 디지털 속 한 문장

다음을 보고, 치료라는 낱말을 넣어 ㉠에 들어갈 문장이나 글을 쓰세요.

> 석진: 우리 내일 축구 보러 가는 날이야. 잊으면 안 돼
> 지민: 당연하지. 내일 입고 갈 옷도 준비했어! 우리가 좋아하는 팀이 이길 수 있게 응원하자!
> 세찬: 어제 저녁부터 목이 안 좋아서 병원에 가니까 나 독감이래. 내일 축구 보러 못 갈 것 같아.
> 석진: 정말? 지난주부터 세찬이가 축구 보는 거 기대했는데. 아쉽다.
> 지민: ㉠

해설
'치료'라는 낱말을 넣어 세찬에게 하고 싶은 말을 씁니다.

✎ 예 내일 같이 축구 보러 가면 좋을 것 같은데, 너무 아쉽다. 꼭 병원에 가서 치료 잘 받고, 다음 주에 있는 축구 경기는 꼭 같이 보러 가자. 나도 내일 사진 찍어서 보내 줄게!

어휘 평가 정답 및 해설

국어 어휘평가

01 ⑤　02 ③　03 ①　04 ④　05 ⑤　06 ⑤
07 ⑤　08 ④　09 ④　10 ⑤　11 ④　12 ③
13 ③　14 ④　15 ⑤　16 ②　17 ⑤

02 '표기'는 '글자나 기호를 적는 것. 또는 적어서 나타낸 기록.'을 뜻합니다. '어떤 일의 상대나 목표로 삼는 것.'은 '대상'의 뜻입니다.

03 '공경'은 윗사람을 공손히 받들어 모신다는 뜻으로 ①이 알맞습니다. ②는 '자루', ③은 '문단', ④는 '포함', ⑤는 '제작'의 뜻입니다.

04 발표할 주제나 방법, 내용 등을 정하는 ㉠의 단계는 앞으로 할 일의 내용이나 방법 등을 이리저리 생각한다는 뜻의 '구상'이 알맞습니다. ㉡은 다양한 정보 중에서 어떤 것을 쓸지 '계획'하는 단계이므로, '계획'이 어울립니다. ㉢은 사진, 글, 그림 등이 들어가도록 발표 자료를 만드는 단계이므로, '제작'이 들어가야 합니다.

06 이 글은 음이 길고 짧음에 따라 의미가 달라지는 것에 대해 설명하고 있습니다. 따라서 빈칸에는 '말소리를 내는 것.'을 뜻하는 '발음'이 들어가야 합니다.

07 ⑤는 책을 읽게 된 '까닭'을 뜻하는 낱말이 들어가야 합니다. 따라서 '어떤 일이나 행동을 하게 된 까닭.'을 뜻하는 '동기'가 알맞습니다.

09 ④에서 '줄거리'는 '나뭇가지'라는 뜻으로 쓰였습니다. 나머지는 글이나 이야기에서 핵심이 되는 것을 간추린 것을 뜻합니다.

10 '메세지'는 소리 나는 대로 글자를 쓴 것이므로, ㉠은 '글자나 기호를 적는 것. 또는 적어서 나타낸 기록.'인 '표기'에 해당합니다. ㉡은 낱말의 표기가 옳은지 찾아보는 도구가 되는 '국어사전'이 알맞습니다.

14 이 글은 생각의 덩어리로, 한 가지 생각을 가지는 글의 단위에 대해 설명하고 있습니다. 따라서 빈칸에는 '문장이 몇 개 모여서 한 가지 생각을 나타낸 것.'을 뜻하는 '문단'이 들어가야 합니다.

16 '용례'의 뜻으로 알맞은 것은 ②입니다. ①은 '발음', ③은 '문제', ④는 '자료', ⑤는 '보기'의 뜻입니다.

사회 어휘평가

01 ①　02 ③　03 ①　04 ④　05 ④　06 ⑤
07 ④　08 ③　09 ⑤　10 ①　11 ④　12 ③
13 ②　14 ④　15 ④　16 ⑤　17 ③

01 ②는 '행정 구역', ③은 '유래', ④는 '등고선', ⑤는 '풍습'의 뜻입니다.

03 빈칸은 저축을 하기 위해 은행에 돈을 맡기는 일이므로, '예금'이 알맞습니다.

04 ④의 결혼하지 않고 혼자 사는 가구를 가리키는 낱말은 '독신'입니다. 따라서 '재혼'을 '독신'으로 바꾸어야 합니다.

05 왼쪽 그림은 같은 높이를 연결한 선으로 '등고선'입니다.

06 ①은 '유물', ②는 '지명', ③은 '위치', ④는 '기호'의 뜻입니다.

07 빈칸은 옛날에 남자가 치르는 어른이 되는 의식을 뜻하므로, '관례'가 알맞습니다.

08 '유래'는 '일이나 물건이 생겨남. 또는 생겨난 곳이나 때.'라는 뜻으로, 밑줄 친 부분과 뜻이 비슷합니다.

09 대학 등록금이 모자란다는 내용과 사업 자금이 필요하다는 내용을 통해 은행에서 필요한 돈을 빌린다는 내용이 들어가야 합니다. 따라서 빈칸에 알맞은 낱말은 '대출'입니다.

10 이 글은 지역 문제를 해결하기 위한 방법을 설명하고 있습니다. ㉠은 중요한 결정을 하기 전 여러 사람의 의견을 들으려는 모임으로 '공청회'가 알맞습니다. ㉡은 의견에 동의하는 사람의 이름을 모아 정부에 내는 운동을 벌인다는 것으로 '자기의 이름을 써넣음.'을 뜻하는 '서명'이 들어가야 합니다.

11 '축척'은 '지도에서 실제 거리를 줄인 정도.'라는 뜻으로, ㉠과 뜻이 비슷합니다.

12 지도에서는 어떤 뜻을 나타내는 데 쓰는 여러 가지 표시로 '기호'를 사용합니다.

13 ①은 '축척', ③은 '자연환경', ④는 '촌락', ⑤는 '등고선'의 뜻입니다.

과학 어휘평가

01 ⑤	02 ③	03 ④	04 ②	05 ④	06 ②
07 ⑤	08 ①	09 ⑤	10 ⑤	11 ⑤	12 ⑤
13 ④	14 ⑤	15 ④	16 ④	17 ⑤	

01 ①은 '파도', ②는 '용암', ③은 '수평', ④는 '고체'의 뜻입니다.

02 물체를 만드는 재료라는 뜻을 가진 낱말은 '물질'입니다.

03 왼쪽 사진은 용암이 흘러나오는 모습으로 관련 있는 낱말은 '화산'입니다.

04 ②는 '밀물'이 아닌 '썰물'의 뜻입니다. '밀물'은 '바닷물이 육지 쪽으로 밀려 들어오는 것.'을 뜻합니다.

05 '치료'는 '병이나 상처 등을 잘 다스려 낫게 함.'을 뜻하는 낱말로, 밑줄 친 부분과 뜻이 비슷합니다.

06 체중계는 무게를 재는 도구인 저울의 종류이므로, ㉠에는 '저울'이 알맞습니다. 또, 용수철의 성질을 이용한 용수철저울은 너무 가볍거나 무거운 물체는 잴 수 없다고 했습니다. 따라서 ㉡에는 '무게'가 들어가야 합니다.

07 '땅속에 암석이 녹아 있는 것.'은 '마그마'입니다.

08 물렁물렁한 성질을 가지고 있는 물질은 '고무'입니다. 따라서 ①에서 '유리'는 '고무'로 고쳐야 합니다.

09 가볍고, 단단하며 변형이 쉬운 성질을 가진 물질은 '플라스틱'입니다.

10 '수평'은 '한쪽으로 기울지 않고 평평한 상태.'라는 뜻으로 밑줄 친 부분과 뜻이 비슷합니다.

11 ㉠은 지구의 자기를 이용해 중국에서 만든 발명품으로 '나침반'이 알맞습니다. ㉡은 자석의 힘이 가장 세며, 북쪽과 남쪽을 알려 주는 것으로 '극'이 들어가야 합니다.

12 이 글은 알에서 깨어난 후 새끼였을 때와 다 컸을 때의 이름이 다른 곤충에 관한 내용입니다. 따라서 빈칸에는 '알에서 나온 후 아직 다 자라지 않은 벌레.'를 뜻하는 '애벌레'가 알맞습니다.

14 '바다'는 '지구에서 육지를 제외하고 짠물이 있는 아주 넓은 곳.'을 뜻합니다. ①~④는 빈칸에 '바다'를 넣었을 때 어울리지만 ⑤는 '바다' 대신 '화산'을 넣어야 합니다.

15 ㉮는 뜨거운 땅속에 있으며, 땅 밖으로 나오기도 하는 것으로 '마그마'가 들어가야 합니다. ㉯는 화산이 분출해서 땅 위를 흐르는 것으로 '용암'이 알맞습니다.

16 '고체'는 '일정한 모양과 부피가 있어 만지고 볼 수 있는 물질.'로 ㉠은 '고체'와 바꾸어 쓸 수 있습니다.

17 ①은 '상태', ②는 '알', ③은 '지진', ④는 '갯벌'의 뜻입니다.

수고했어

어휘 실력을 확인하는 방법

맞은 개수 17~14개 실력이 매우 우수합니다.
어휘의 사전적·문맥적 의미를 정확하게 이해하며 낱말을 논리적으로 활용할 수 있습니다.

맞은 개수 13~8개 실력이 보통입니다.
학습하는 데 필요한 용어를 이해하고 구분하여 쓸 줄 압니다. 다만 아직 문맥 속에서 뜻을 유추하거나 활용하는 능력이 부족해 보입니다. 어휘 이해력과 활용 능력을 향상시킬 필요가 있습니다.

맞은 개수 7~0개 실력이 다소 부족합니다.
교과서에 자주 등장하는 학습 도구 어휘와 교과서를 이해하는 데 꼭 필요한 국어 개념 어휘를 이해하지 못해 교과서를 읽는 데 어려움을 겪을 것으로 보입니다. 기본적인 교과 개념 어휘를 익히는 훈련이 필요합니다.

메모

www.neungyule.com

달곰한 문해력 초등 어휘

학년별 시리즈 안내

추천 학년	단계	어휘 교과 영역
초 1~2학년	1단계	국어, 사회, 과학, 수학
초 1~2학년	2단계	국어, 사회, 과학, 수학
초 3~4학년	3단계	국어, 사회, 과학, 수학
초 3~4학년	4단계	국어, 사회, 과학, 수학
초 5~6학년	5단계	국어, 사회, 과학, 수학
초 5~6학년, 예비 중 1	6단계	국어, 사회, 과학, 수학

NE능률 국어연구소

NE능률 국어연구소는 전문성과 탁월성을 기반으로
국어교육 트렌드를 선도합니다.

달곰한 문해력 초등 어휘 3단계

펴 낸 날	2024년 11월 15일 (초판 1쇄)
펴 낸 이	주민홍
펴 낸 곳	(주)NE능률
지 은 이	NE능률 문해력연구회
개 발 책 임	장명준
개 발	류예지, 이자원, 박수희
디자인책임	오영숙
디 자 인	민유화, 김명진
제 작 책 임	한성일
등 록 번 호	제1-68호
I S B N	979-11-253-4879-5 63710

대 표 전 화	02 2014 7114
홈 페 이 지	www.neungyule.com
주 소	서울시 마포구 월드컵북로 396(상암동) 누리꿈스퀘어 비즈니스타워 10층 (우편번호 03925)